W0247947

À l'école des apprenants

La traduction de cette œuvre a été soutenue par l'Institut Ramon Llull.

llll institut ramon llull

Titre original : *Escola d'aprenents* / *Escuela de aprendices*, 2020.

À l'école des apprenants © Marina Garcés, 2024.
Cette traduction a été publiée en accord avec Galaxia Gutenberg, S. L., Barcelone (Espagne).

Illustrations de la couverture et de l'épilogue : © Escola Massana. Centre d'Art i Disseny. Dessins de Bendita Gloria, 2017.

© Les Éditions de l'Atelier
51-55, rue Hoche, Ivry-sur-Seine, 2024

ISBN 978-2-7082-5431-2

www.editionsatelier.com

Marina Garcés

À l'école des apprenants

Traduit du catalan
par Toni Ramoneda

éditions de l'atelier

Prologue

Nunca el tiempo es perdido.
Manolo García

J'avais un long trajet à faire en voiture alors que de nouvelles restrictions liées à la deuxième vague de covid-19 devaient prendre effet à Barcelone. C'était la nuit du 17 au 18 juillet 2020. Je conduisais sur l'autoroute et j'étais en larmes. C'était la fatigue, l'impuissance, l'arbitraire. C'était un immense sentiment de perte. Une chanson dont j'avais oublié l'existence s'est mise à retentir de façon inattendue : « *Nunca el tiempo es perdido* » de Manolo García[1]. Je l'ai écoutée plusieurs fois de suite et j'ai soudain ressenti que ce refrain était l'expression d'une tendresse et d'une provocation qui méritaient qu'on se le dise les uns aux autres.

Perdre une année, perdre son temps, rater des opportunités, rater des expériences, perdre en assurance : voilà les menaces que notre société fait planer au-dessus de nos têtes pour installer la crainte permanente d'une chute possible. La crainte de perdre sa place dans l'engrenage de la marchandisation de notre présent et de notre avenir ; à condition déjà d'avoir été capable d'en trouver une, de place. Nombreux sont ceux qui n'essayent même pas de la

1. N.D.T. : « Le temps n'est jamais perdu. »

trouver. C'est déjà trop tard pour eux. Ils sont devenus le reliquat d'une partie qu'ils n'ont pas eu le temps de jouer. D'autres restent dans une marginalité précaire, faisant de leur équilibre sur la corde raide une forme exténuante de normalité plutôt qu'une aventure. Quelques-uns, peu nombreux, pensent être en train de tirer les ficelles de tous les autres, mais ils ne font, en fait, que vivre sur la défensive, s'efforçant de préserver les privilèges matériels et culturels qu'ils craignent toujours d'être sur le point de perdre. Les uns comme les autres, nous ne pouvons plus perdre notre temps, parce que le temps nous a déclaré la guerre.

La crise de 2008 s'est soldée par ce que l'on a appelé une « génération perdue ». Les médias ont imposé cruellement ce verdict et nos sociétés, c'est-à-dire, les pères, les mères, les hommes politiques, les enseignants, les éducateurs sociaux et les jeunes eux-mêmes l'ont accepté comme on accepte un châtiment divin. Bien nourris et bien formés, certains ont pu partir. D'autres ont intégré avec résignation la précarité économique et existentielle. Les plus jeunes ont continué leurs parcours scolaires et universitaires sans trop savoir pourquoi, et ils ne le savent toujours pas d'ailleurs. Quelques-uns ont dénoncé l'arnaque et se sont organisés pour la combattre. Mais le fatalisme s'est imposé. De temps en temps, on perd des générations, comme on perd une récolte ou comme un bateau disparaît par une nuit d'orage : des soldats tombés dans une guerre sans bataille. Depuis lors, la perte est devenue une condition constante et prévisible. Le *no future* n'est plus un cri de contestation, mais un destin qu'on peut, au mieux, gérer avec plus ou moins de sérénité. On a déclaré perdue une génération par rapport aux attentes, aux investissements et aux rendements qu'on avait prévus. Mais quelqu'un a-t-il pris la peine de leur demander : qu'avez-vous vécu ? Et que pensez-vous être en mesure de pouvoir vivre ? Peut-être que leur temps à contretemps nous aurait offert un autre regard sur nos propres vies ;

un apprentissage différent de ce que nous pouvons ou pourrions être. Qui était en mesure de les écouter ?

2020 arrive et la pandémie de covid-19 emporte avec elle les plus vieux et s'abat sur les plus jeunes comme une deuxième vague de frustration. Elle adresse une question à l'ensemble de la société : avons-nous appris quelque chose ? Avons-nous tiré les leçons de la crise financière de 2008 et de son impact social et politique ? Saurons-nous tirer des leçons du confinement vécu pendant la pandémie et de ses conséquences, toujours imprévisibles ? Le plus inquiétant à notre époque est d'avoir l'impression que la réponse est non, que nous n'apprenons rien. Nous réagissons en permanence, par la peur et par la défensive pour certains, par des gesticulations et par l'offensive pour d'autres. Mais qu'est-ce que cela voudrait dire *apprendre quelque chose* ? Ce livre réfléchit à cette question.

Les êtres humains, que nous sommes, doivent tout apprendre et nous n'apprenons rien. Voilà la tragédie de l'éducation, moins en tant que système institutionnel d'instruction, qu'en tant que condition nécessaire pour réussir à devenir ce que nous sommes. C'est le besoin d'être éduqués qui fait de nous des êtres humains. Et ce qui nous rend humains c'est, aussi, qu'aucun système d'éducation ne garantit que nous apprendrons quelque chose d'important ou de susceptible de nous rendre meilleurs. L'histoire est la mise en scène de cette tragédie : c'est une longue chaîne d'apprentissages, et une chaîne plus lourde encore d'erreurs. Nous amassons des connaissances tout autant que de l'incompréhension, des inventions tout autant que des confusions. À quoi bon éduquer alors ? Et qu'est-ce qu'il faut apprendre ? Est-ce que les apprentissages sont des engrenages plus ou moins complexes orientés vers la survie et la compétition ? Ou bien sont-ils une pratique fondamentale dans la création et la transformation de nous-mêmes ?

Si on veut aborder ces questions, il faut être en mesure d'approcher l'éducation sans tomber dans certains pièges du débat pédagogique actuel. C'est un débat enflammé et polarisé qui a des effets globaux et se tient dans des réalités locales. Mais bien qu'il mobilise des tonnes de ressources et suscite un grand intérêt, aussi bien académique que médiatique, c'est un débat qui se caractérise par une double stérilité : d'une part celle d'une grille d'évaluation construite sur l'opposition entre tradition et innovation, vieille éducation et nouvelles méthodes. D'autre part celle propre aux débats qui se réduisent à des questions méthodologiques. L'éducation n'est pas un sujet qui peut se résoudre à coups d'innovations ou de méthodologies toujours plus sophistiquées. C'est une pratique qui se renouvelle en permanence, et qui met en jeu des méthodologies diverses, mais dont le sens se trouve ailleurs, dans une autre question : pour quelles raisons apprend-on ? Avec qui le fait-on et dans quels horizons d'attente ? Cette question n'a pas, bien entendu, de réponse unique. On apprend à la fois par besoin et par envie, par obligation et par passion, dans la contrainte et dans la transgression. Les apprentissages nous inscrivent dans un monde qu'ils nous permettent à la fois de déborder, de contester, d'essayer de transformer ; ils nous relient et nous éloignent ; ils nous permettent de comprendre d'où on vient et d'identifier là où nous ne voulons pas aller. L'éducation est un métier très ancien, un ensemble d'arts et de savoir-faire où les méthodologies occupent une place très importante. Mais si on réduit toutes les tensions à un conflit entre différentes méthodologies, on perd le sens de ce qui se passe. Et ce qui se passe c'est que nous n'avons pas de réponses à toutes ces questions, seulement quelques recettes nous permettant de faire semblant.

Nous perdons notre temps et l'avenir est sombre. C'est le message qui finit par dominer nos existences de parents, enseignants, apprenants, enfants, étudiants, citoyens, d'humains, qui ne saurons pas être des humains. L'exhortation de Rousseau, « humains, soyez des humains ! », est l'abîme où disparaît l'ensemble de nos apprentissages. La promesse de perfectibilité a été un échec, en termes historiques et anthropologiques, mais aussi intimes et existentiels. L'expérience n'enseigne pas, et ce que nous avons appris ne nous apportera pas un avenir meilleur. Bien au contraire. Pourquoi continuer, alors, à perdre notre temps et à le diriger contre nous-mêmes ? Il est très tentant de se laisser emporter par le renoncement, l'abandon, la dépression, le retrait. Au revers de la médaille, il y a le cynisme, l'opportunisme et l'égoïsme, qui sont aux commandes de toutes les décisions individuelles et collectives contemporaines. Ils imprègnent aussi le quotidien des salles de cours. Ce sont les différents visages des deux faces de la même pièce, soit celle de l'effondrement, soit celle d'une fuite en avant déclenchée par la frustration et par la peur.

Nunca el tiempo es perdido. Le refrain de cette chanson défie la logique dévastatrice et accueille le gaspillage, la perte, le non-sens et les excès. De nombreux étudiants ont perdu leur année 2020 et perdront encore l'année 2021. En calculant de cette façon, nous perdons en permanence notre temps dans la vie. Mais personne n'a le droit de décider que ton temps a été perdu. Comme un regard attentif ou une main tendue, le refrain de cette chanson contient un geste qui accueille l'existence. Rien n'est à saisir, rien n'est à écarter parce que notre vie est toujours en déséquilibre par rapport au temps ; qui n'est pas à nous et dont nous ne pouvons pas laisser décréter qu'il est perdu. Mon livre *Nouvelles Lumières radicales* (La lenteur, 2020) se termine par un mot d'ordre :

> « On nous a volé l'avenir mais on ne peut pas continuer à perdre notre temps. »

À l'école des apprenants[2], qui a été écrit pendant un temps suspendu, est issu de l'exigence et du désir de réaliser ces mots.

---

2. N.D.T. : Le titre en catalan est *Escola d'aprenents* ; le titre en castillan est *Escuela de aprendices.*

Chapitre 1

Comment veut-on être éduqués ?

On parle beaucoup d'éducation. Ces dernières années, ce domaine qu'on percevait comme maussade et laborieux, réservé à des pédagogues illuminés et des enseignants obstinés, s'est retrouvé au centre du débat public. Tout le monde y va de son avis, le nombre de publications sur l'éducation monte en flèche, les médias lui accordent un espace de choix et la recherche, privée comme publique, lui octroie des quantités de plus en plus importantes d'argent, de temps et d'attention. On parle beaucoup d'éducation, soit. Mais comment et pourquoi ?

Il existe des moments dans l'histoire où l'éducation devient un sujet central. Ce sont les moments où la manière dont une société s'éduque n'est plus une évidence et où l'éducation entre en crise. Ce ne sont pas des crises pédagogiques. Ou plutôt, elles ne le sont que dans la mesure où toute pédagogie n'est pas seulement une recette méthodologique mais aussi une vision du monde. Lorsque les crises éducatives se déclarent, c'est le monde qui entre en crise, ce sont des crises de civilisation qui pointent les conflits, les désirs, les limites et les possibilités relatives à chaque société et à chaque temps historique.

Nous vivons aujourd'hui de tels moments. Ce fut le cas de la Grèce antique, où les débats philosophiques et politiques entre les écoles de pensée, les philosophes et les autres voix participant de la vie publique, ne mettaient pas seulement en jeu des disputes entre différents modèles théoriques mais aussi une rivalité concrète portant sur la manière d'éduquer et d'être éduqués. Pourquoi fallait-il que Platon expulse tous les poètes de la République ? Non seulement parce que les arts visuels et expressifs nous détournent de la vérité, mais surtout parce que la poésie d'Homère, de tradition orale, exerçait en Grèce le monopole de l'éducation et que Platon était en train de proposer un changement social et politique qui affectait la nature même des Grecs. Pourquoi, au même moment historique, les maîtres taoïstes se lancent-ils dans une attaque très large et très burlesque contre l'éducation confucianiste, ses présupposés et ses structures linguistiques et institutionnelles ? Non seulement parce que les philosophies dominantes ont toujours leurs adversaires, mais aussi parce que le confucianisme, en tant que modèle éducatif, était déjà à ce moment-là en train de s'imposer comme le véritable corps et âme de l'empire en construction ; et il l'est toujours, d'ailleurs. De la même manière, on pourrait parler de l'importance des débats sur l'éducation à l'époque des premières Lumières, quand naît en Occident ce que nous appelons à proprement parler « pédagogie », et de la pertinence de l'éducation en tant que pratique de transformation sociale pendant toute l'étendue du cycle historique des révolutions modernes, aussi bien en Europe que dans les pays colonisés et dans les actuelles sociétés postcoloniales ; sociétés dans lesquelles le débat pédagogique et épistémologique est tout particulièrement brûlant.

Que, dans un monde globalisé, l'éducation soit un business très lucratif relève de l'ordre de l'évidence. D'importantes cohortes de jeunes des cinq continents entrent sur le marché mondial de l'éducation, en même temps que la formation continue tout au long de la vie élargit la typologie et les besoins des clients de l'éducation. Mais les enjeux vont au-delà de la marchandisation. L'enjeu est de savoir qui sera en mesure de façonner les compétences qui décideront de l'avenir des sociétés ne se reconnaissant plus dans les institutions en vigueur. Qui est l'État pour éduquer nos enfants alors que nous vivons notre vie à la carte ? Quelles sont les hégémonies culturelles valides pour tout le monde dans des sociétés qui non seulement sont diverses mais de plus en plus ségréguées et ghettoïsées ? Quelle est l'autorité de l'enseignant ou de l'enseignante sur les décisions que les familles considèrent, toujours davantage, comme des décisions privées ? Curieusement, de telles questions font partie d'une offensive aussi bien partagée par les forces néolibérales que par celles qui sont néoconservatrices ; les deux partent à l'assaut, avec des idéologies et des valeurs différentes, de l'éducation publique, de ses idéaux et de ses engagements sociaux. Entre-temps, les mouvements sociaux et les classes populaires perdent leur prépondérance dans la lutte pour la conquête d'une éducation capable d'ouvrir des perspectives de justice sociale et d'apporter des regards critiques.

Malgré la complexité de la situation, les débats contemporains ont tendance à se restreindre à un schéma argumentatif très simple : la société est en train de se transformer radicalement et on prévoit des changements vers un avenir qu'on ne sait pas anticiper. En conséquence, l'éducation doit se délester des modèles traditionnels et s'ouvrir à une attitude d'innovation permanente lui permettant de s'adapter à ces changements. On peut le dire de différentes manières selon le contexte social et culturel dans lequel on se trouve, mais la représentation qui domine actuellement le système éducatif global est bien celle-ci. La narration, très simple, relie la tradition d'un passé qu'on connaît à l'innovation d'un avenir inconnu. Son argument tient à un constat qu'on peut difficilement vérifier : rien de ce que nous connaissons ne pourra nous être utile dans cet avenir dont nous sommes si peu avertis. C'est un argument qui vide tout questionnement éventuel de son contenu et d'un potentiel conflit, parce qu'il est orienté vers un avenir où l'incertitude est devenue la seule des certitudes.

Le principal problème abordé par le débat pédagogique actuel semble, dès lors, être celui de l'adaptation à un avenir qu'on ne sait pas imaginer et de parvenir à le faire de la manière la plus efficace possible. La crise d'un monde est ainsi réduite à l'empire de l'imprévisible et les réussites éducatives à la capacité d'y fournir des réponses efficaces. Dans ce paradigme, la compétitivité est la seule source de conflit. Qui sera le plus à même, parmi les individus et les sociétés, de générer ces réponses efficaces pour s'adapter aux changements ? C'est pour cette raison que le débat s'enlise délibérément dans une rivalité entre méthodologies, ce qui le désamorce. Les méthodologies peuvent être plus ou moins efficaces, plus ou moins séduisantes, plus ou moins judicieuses... mais, en dernière instance, elles sont les gagnantes ou les perdantes dans le marché à terme de l'éducation.

C'est pour cela qu'il faut sortir de ce cadre préétabli et revenir aux questions basiques. Que voulons-nous savoir ? De qui et avec qui pouvons-nous apprendre l'essentiel pour vivre mieux ? Quelles habitudes, valeurs et formes de vie voulons-nous transmettre ? À qui ? Et pourquoi ? Pourquoi sommes-nous capables à la fois de savoir tellement de choses et de rester dans l'ignorance de ce dont nous avons le plus besoin ? La question clé, celle que toute société n'a cessé de répéter, est la suivante : comment éduquer ? Il ne s'agit pas d'un *comment* qu'on puisse résoudre en faisant seulement appel à des procédures. Il s'agit du *comment* de l'éthique, de la politique et de la poétique. Il interroge et il questionne les manières de faire et les formes de vie. Soulever la question *comment éduquer* revient à se demander comment nous souhaitons vivre.

Le problème de cette question c'est qu'elle porte implicitement un point de vue : celui des éducateurs. Les éducateurs, les législateurs, les intellectuels, les pères et les mères, les livres de développement personnel... Il faut aujourd'hui rajouter les ingénieurs du comportement qui, comme on le verra, sont en train de remplacer l'ensemble des figures précédentes. Au bout du compte, la question revient à ceux qui s'octroient le monopole d'agir sur la vie des autres. De ce point de vue, celui qui apprend devient l'objet de leur réflexion et le produit de leur action. On voit l'apprenant comme un récepteur de l'action éducative. Ou comme un client, plus ou moins gagnant, de son offre chaque jour plus différenciée. Ses habilités et ses compétences ne sont que des résultats. Nous voulons, avec ce livre, détourner le point de vue.

De l'apprenti à l'apprenant : détourner le point de vue

Dans notre imaginaire culturel, l'apprenti est une figure déclassée. Il est rattaché au monde des métiers et à ses hiérarchies. Si on pouvait, il y a encore quelques années ou siècles, imaginer l'apprenti dans un atelier, balai en mains, exécutant les tâches requises par son patron en échange d'un apprentissage, les apprentis d'aujourd'hui sont devenus des boursiers peu ou pas rémunérés empilant des heures de travail contre une ligne dans leur C.V. Dans la réflexion sur l'éducation aussi, parce qu'on l'associe au monde du travail manuel et à son absence de noblesse sociale et spirituelle, l'apprenti est une figure déclassée. L'atelier, l'ouvroir, l'entrepôt, les champs, la cuisine... sont des espaces négligés par les aspirations éducatives les plus élevées. Ce n'est pas un hasard si la formation professionnelle est encore perçue comme une voie secondaire, aux marges de la voie principale, et comme un lieu où, l'expérience n'étant plus une source complète de formation, on ne dispense qu'une formation purement instrumentale.

Notre culture possède un socle contemplatif qui tourne le dos, ou déclasse à un niveau inférieur, tout ce qui relève des pratiques du corps, aussi bien productives que reproductives. C'est la raison pour laquelle les femmes et les classes ouvrières sont toujours les dernières à accéder à l'éducation et les premières à la quitter dès qu'il y a une crise. Le but de l'éducation est l'activité théorique, ou les métiers qui en découlent et mettent en pratique les sciences les plus élevées. C'est une évidence dans les sociétés antiques et médiévales avec leurs hiérarchies sociales. Mais on a reproduit la même logique dans les sociétés modernes et contemporaines. On continue ainsi à distinguer l'*apprenti* et l'*étudiant*. L'apprenti étant celui qui est cantonné à l'acquisition d'un savoir-faire et de connaissances en lien direct avec l'exercice d'un métier, tandis que l'étudiant peut consacrer son temps et son attention à une formation plus transversale et à caractère théorique. Même un philosophe contemporain comme Jacques Rancière, qui a consacré des textes importants au rapport entre éducation et émancipation, défend la distinction entre l'école et l'apprentissage :

> « L'école n'est pas préparation, elle est séparation[1]. »

Séparation, dit-il, par rapport à l'armée productive où se socialise l'apprenti, qui est structurée selon l'inégalité et la dépravation propres aux relations de pouvoir. Face à l'apprenti, l'écolier serait cette figure qui, extraite des catégorisations de la vie sociale, pénètre l'espace et le temps de l'égalité. Et il apporte l'argument suivant :

> « L'école n'est productrice d'égalité que dans la mesure où elle est inadaptée aux sensibilités et aux modes d'être des soldats de l'armée productive[2]. »

Mais, comme il le reconnaît lui-même, la possibilité de s'écarter, rien que pour un temps, de l'armée productive, risque de finir par déboucher sur un privilège de quelques-uns. L'égalité de l'écolier, principe universel, risque de se changer en facteur de distinction si l'apprenti s'en trouve exclu.

---

1. Jacques Rancière, « École, production, égalité », *L'École de la démocratie*, Paris, Edilig, Fondation Diderot, 1988, p. 3, disponible en ligne sur : https://horlieu-editions.com/textes-en-ligne/politique/ranciere-ecole-production-egalite.pdf.
2. *Ibidem*, p. 11.

Nous ne voulons pas dans ce livre revendiquer la figure sociologique de l'apprenti mais considérer l'*apprenant*, celui qui apprend quelque chose, que ce soit sur un banc ou dans un champ, un atelier ou une usine, comme point de vue sur la réflexion pédagogique dans son ensemble. Adopter un point de vue est un exercice de l'imagination. Cela veut dire que nous abandonnons la manière immédiate que nous avons de regarder et de nous représenter la réalité éducative pour en emprunter une autre. C'est un déplacement dont les conséquences se ressentent aussi bien au niveau de l'expérience que de la pensée qui en découle. La société contemporaine est pétrie de fictions mais elle manque d'imagination. Il y a toute sorte de fictions : technologiques, culturelles, médiatiques, communicationnelles. Pédagogiques aussi. Inventer des mondes fictifs c'est facile, mais nous imaginer à la place d'un autre est plus compliqué. L'exercice exige d'être capable de reconnaître à la fois des liens possibles et le fait que l'autre n'est pas toi-même. L'imagination déclenche en même temps la perception des contextes qui sont partagés et l'irréductibilité de chacune de nos existences, porteuses de leur propre point de vue singulier. L'apprenant n'est pas seulement l'étudiant ou l'élève, il n'est pas non plus uniquement l'apprenti ou le stagiaire. Cela n'est qu'une position formelle à l'intérieur du système d'enseignement. Il ne s'agit donc pas seulement de situer l'enfant ou l'étudiant au centre, comme le prédiquent certains courants pédagogiques, mais d'apprendre à réfléchir et à regarder à partir d'un autre point de vue. L'apprenant est un point de vue qui nous dévoile comment nos apprentissages façonnent les mondes que nous partageons. Son expérience n'est pas coupée du monde mais est pleinement traversée par ses déterminismes sociaux, politiques, économiques et professionnels, et en tension avec eux.

Si on veut faire émerger ce point de vue, il convient d'inverser la question qui a guidé la réflexion pédagogique. Plutôt que se demander *comment éduquer*, on peut se demander *comment veut-on être éduqués.* Se poser la question de la sorte entraîne l'abandon de la position surplombante du planificateur et du législateur, mais implique aussi de sortir de la condition dirigée et même consommatrice adoptée par les récepteurs de leurs programmes. Avec ce point de vue, on ne peut pas se contenter d'orienter et diriger la pratique éducative ; il convient d'en définir les limites et les conditions. Jusqu'où veut-on être éduqués ? Par qui ? Dans quelles institutions et selon quel type de relations ? Le renversement de la question fait transiter le verbe de la voix active vers la voix passive : nous pouvons dès lors écouter comment l'éducation ne relève pas d'une action sur un objet (l'étudiant, l'apprenti, la créature...) mais d'une relation qui est, avant tout, réceptive. Quel type d'apprentissage pouvons-nous recevoir les uns des autres ? Ainsi comprise, la réceptivité n'est pas passive, elle devient une activité réciproque entre égaux.

Le sens critique contenu dans cette forme de questionnement a été analysé par Michel Foucault dans sa conférence *Qu'est-ce que la critique ?*[3]. Même s'il n'y était pas question d'éducation mais de gouvernementalité, l'analyse est la même dès lors qu'on tient compte du fait que l'extension de la gouvernementalité à l'ensemble des domaines de la vie sociale suit une ligne parallèle à l'extension progressive de l'éducation publique et obligatoire à l'ensemble de la population en Europe. Lorsque le souverain politique ne s'est plus seulement occupé de la guerre, de la mort et des impôts, l'État moderne est venu déployer une machinerie législative, administrative et institutionnelle pour réguler la quasi-totalité des aspects de la vie, individuelle comme collective, y compris l'éducation. Le sujet ne se contente plus alors de payer ou ne pas payer, de vivre ou mourir. Sa nouvelle condition,

3. Michel Foucault, « Qu'est-ce que la critique ? Critique et Aufklärung », *Bulletin de la société française de philosophie*, 84e année, nº 2, avril-juin 1990.

d'après Foucault, réside dans sa capacité à demander : comment peut-on (ne pas) être gouverné de la sorte, par ce dirigeant, jusqu'à une telle limite... ? Si la philosophie politique ne réfléchissait jusqu'alors qu'à la question du comment gouverner, ou à celle de savoir quelles sont les meilleures formes de gouvernement, la réflexion sur la manière dont on veut être gouverné fait apparaître la perspective critique du sujet face au pouvoir. Grâce à cette question critique on voit apparaître les limites et les conditions que les sujets peuvent opposer au pouvoir qui les soumet, jusqu'à rendre illégitime l'existence même de celui-ci.

Comment veut-on être éduqués suppose aussi d'être en mesure de se demander : que se passe-t-il si nous ne reconnaissons pas nos éducateurs ? Et si nous ne voulons pas apprendre certaines choses ? Et si nous refusons l'effet de domination qu'imposent sur nos vies et sur d'autres vies, humaines ou non humaines, les connaissances du moment ? On pourrait même se demander : et si on ne veut pas d'éducation ? Selon Foucault, la question de la critique déclenche le mouvement par lequel le sujet s'octroie lui-même le droit à interroger la vérité sur ses effets de pouvoir et le pouvoir sur ses effets de vérité. La question de la critique n'admet pas de jugements de valeur abstraits. Au lieu de penser selon des modèles qui ne s'intéressent pas à la réalité, elle exige de nous de penser selon des situations vécues, à partir de leurs limites et leurs potentialités. Au lieu de projeter des utopies, elle nous demande d'agir à contretemps de ce que le temps lui-même impose.

Arts et manières de faire

Du point de vue de l'apprenant, comme nous l'avons décrit, l'éducation n'est pas seulement un modèle ou une dispute entre différents modèles. Il ne s'agit pas non plus d'un calcul en termes d'opportunités et de résultats. L'éducation est un métier. Ou plus précisément, un ensemble d'arts et manières de faire qui collaborent dans un même dessein : donner de la forme et du sens à notre existence par les apprentissages que nous partageons. Comme tout métier, il se transmet, se partage et se transforme.

L'existence n'a rien de transcendant. C'est le fait d'être ici et maintenant, ensemble avec d'autres, et conditionnés par nos liens. De ce fait, l'éducation est un métier qui ne part jamais de zéro. Sa matière première est le conflit et la blessure qui nous habitent d'entrée de jeu. Nos limitations, aussi. « Le problème c'est qu'on a très peu de place pour les autres », affirme le personnage d'Adrien Brody dans le film *Detachment*, où il joue le rôle d'un professeur solitaire parmi des adolescents débordants de blessures, qui lui feront revivre ses propres blessures. L'existence est le fait d'être venu au monde, dans un monde étroit et concret (un temps, un lieu, une société, une culture, une famille, etc.) ; et personne ne nous a demandé la permission de nous y amener. L'existence commence, de ce fait, par un geste impératif. On est obligé d'exister, et de le faire à un moment et selon une manière décidés pour nous.

On peut comprendre l'éducation comme l'ensemble des techniques qui nous inscrivent dans ce monde auquel nous sommes venus, faisant ainsi que les individus et les groupes peuvent fonctionner de manière adéquate, selon ce qui leur correspond en fonction de leur genre, classe, état, race, etc. On parle alors de l'éducation comme d'une forme d'instruction, de dressage, de discipline... Mais on peut comprendre l'éducation aussi comme un ensemble de pratiques qui font de la nécessité une condition pour la liberté. C'est-à-dire, l'éducation en tant que métier orienté vers la transformation de ce qui est donné (ce qui est là, ce que nous sommes) en une puissance capable de dépasser l'évidence et la subordination immédiates. On parle alors de l'éducation émancipatrice, celle qui consiste à rendre possible que chacun puisse être capable de penser par soi-même, avec les autres, les problèmes de son présent.

On peut définir la liberté et l'émancipation de diverses manières, certaines antagoniques entre elles. La liberté comprise comme l'attribut d'un individu n'est pas la liberté comprise comme une condition de la dignité collective. Ce n'est pas non plus la même chose de comprendre l'émancipation comme un état d'autosuffisance du sujet ou de la comprendre comme un processus en dispute permanente relativement aux conditions de domination de chaque époque. Nous prendrons ici une définition basique et a minima : on entend par *éducation émancipatrice* celle qui pose comme condition de départ le fait que tout apprentissage impliquera d'apprendre à penser par soi-même et avec les autres. Il s'agit d'une définition forcément problématique et insuffisante. Mais on peut se référer, pour commencer, à ces mots de l'écrivain nord-américain David Foster Wallace dans son discours « C'est de l'eau » :

> « [A]pprendre comment penser signifie apprendre à contrôler comment et à quoi vous pensez. Cela signifie être suffisamment conscient et éveillé pour choisir ce à quoi vous allez prêter attention et comment vous tirez du sens de votre expérience[4]. »

Le métier d'apprendre et d'enseigner à penser par soi-même n'est pas un art purement intellectuel. C'est un art, ou une manière de faire, dans le sens que lui donne Michel de Certeau dans son enquête *L'Invention du quotidien*. En introduction à cette vaste enquête sociologique, de Certeau définit les arts ou les manières de faire comme les pratiques et les opérations communes qui délimitent un champ (l'éducation, par exemple) à partir des procédures de créativité quotidienne développées par ceux qui devraient être condamnés à la passivité et à la discipline.

---

4. David Foster Wallace « This is water », discours, Kenyon College, 2005 (traduction française de Patrick Kervern, « C'est de l'eau », *Umanz*, 30 août 2019, disponible en ligne sur : https://umanz.fr/essentiels/30/08/2019/cest-de-leau).

Dans notre cas, les apprenants. Il s'agit de formes d'intelligence concrète, des formes de lutte, de relations et de narrations qui composent « le réseau d'une anti-discipline[5] », non simplement parce qu'ils s'organisent contre les logiques existantes mais parce qu'ils déploient des tactiques, des trajectoires, des intérêts et des désirs qui ne sont pas déterminés et ne peuvent pas être intégrés par le système dans lequel ils se développent.

Définir l'éducation comme un art ou un métier de l'existence implique qu'on se saisisse de ces conceptions du savoir et de la culture qui n'ont pas développé de séparation entre les arts et les sciences. Loin de l'ethnographie romantique qui revient parfois en force dans nos contextes culturels hypertechnologiques, comprendre l'éducation sous la forme d'un artisanat revient à retrouver la racine commune à la pensée et au faire, à la contemplation et à l'expérimentation, au discours et à la pratique. Cette complémentarité n'est pas une unité solide, mais un entrelacement fragile et tâtonnant. Face à l'idée de « méthode » qui s'impose et se détache tout au long de la modernité comme un mode de pensée commandant le monde du faire, de Certeau parle de la nécessité d'un « récit du tact[6] ». C'est que tout art ou manière de faire est, en définitive, un tâtonnement, un équilibre fragile, un pas de funambule qui, sans être hasardeux ou arbitraire, ne prétend pas non plus tout maîtriser. L'art du funambule est, avant tout, une certaine manière de chuter et, parfois, de ne pas tomber. L'art de l'éducation a beaucoup à voir avec cela : il s'agit d'apprendre à chuter un peu moins que nous l'avons déjà fait, ou à mieux savoir tomber.

---

5. Michel de Certeau, *L'Invention du quotidien*, vol. 1, Paris, Gallimard, 1993, p. XL.
6. *Ibidem*, p. 117.

Politique et poétique

La question, *comment veut-on être éduqués*, a fait émerger le point de vue de l'apprenant et nous a permis de comprendre l'éducation comme un champ d'opérations communes dans lequel différents arts et manières de faire se disputent les significations et les possibilités de l'existence. Ces conflits ne renvoient pas à une forme de rhétorique mais à des affirmations concrètes comme celle-ci :

> « J'ai reçu d'un rideau ma première leçon[7]. »

Ce sont les mots que Pasolini adresse à son jeune interlocuteur Gennariello, dans son traité pédagogique sous forme de correspondance écrit en 1975. Le rideau d'un appartement bourgeois de Bologne dans les années 1920 est une leçon poétique et politique :

> « Ce que ce rideau m'a dit et m'a montré n'acceptait pas (et n'accepte pas) de réplique. Il n'était ni possible ni admissible de discuter avec ou d'avoir une action auto-éducative quelconque. Voilà pourquoi j'ai cru que le monde tout entier se réduisait au monde que ce rideau montrait : j'ai donc cru que tout le monde est bien-pensant, idéaliste, triste et sceptique, un peu vulgaire ; en un mot : petit-bourgeois[8]. »

Pasolini parle des « leçons tirées des choses » comme de ces phénomènes matériels qui, avec leur propre sensorialité, éduquent notre chair et notre esprit jusqu'à en faire, pour toujours, l'expression d'une condition sociale déterminée. « On peut vouloir oublier ce que nous avons appris par la parole. Mais jamais je n'oublierai ce que m'ont appris les choses[9] », ajoute Pasolini. Ainsi, l'éducation est un art ou une manière de faire

---

7. Pier Paolo Pasolini, *Lettres luthériennes*, Paris, Seuil, 2000, p. 37.
8. *Ibidem*, p. 38.
9. *Ibid.*, p. 43.

qui commence bien avant son expression formelle et discursive. C'est l'expression d'une poétique et d'une politique qui déterminent de manière indélébile ce que nous sommes et ce que nous pouvons devenir. La leçon des choses est la carte sensible de l'existence, sa cartographie esthétique, sa condition politique.

La culture occidentale s'est déployée selon un classement des catégories de l'agir. C'est un acquis pour Aristote et une tradition forte en occident qu'il y a une séparation et une hiérarchie entre les différentes activités humaines, depuis les processus biologiques et reproductifs jusqu'à l'activité théorique et contemplative, sans oublier le travail manuel et productif ou l'action politique. Cette tradition de pensée se retrouve encore aujourd'hui. Hannah Arendt, bien qu'elle en modifie quelques paramètres, en est l'héritière directe, avec d'autres. Elle sépare et oppose les tâches de l'éducation, toujours reliées à l'enfance et à ses besoins, à l'action politique, qui, elle, est comprise comme l'expression de la liberté entre adultes. L'éducation relèverait alors, selon Arendt, de la pratique consistante à intégrer les nouveaux arrivés au monde qui existe déjà, et c'est pour cela qu'elle doit être essentiellement conservatrice. La politique, en revanche, consisterait à introduire de la nouveauté dans l'élaboration d'un monde commun. Dans un célèbre article de 1954, « La crise de l'éducation[10] », Arendt critique l'approche politique de l'éducation. Elle affirme avec fermeté que mêler éducation et politique est une démarche autoritaire propre aux révolutions tyranniques. L'idée héritée des Lumières qui consiste à faire de la pédagogie l'outil d'un projet politique et de la politique un levier de l'éducation ne respecterait pas, pour Arendt, le principe selon lequel la politique doit relever d'une pratique entre personnes égales ayant au préalable été éduquées.

10. Hannah Arendt, « La crise de l'éducation », *La Crise de la culture*, Paris, Gallimard, 1954.

Cependant cette distinction n'est plus si évidente lorsque l'on se situe du point de vue de l'apprenant. Le rideau de Pasolini, comme tant d'autres éléments du quotidien par lesquels la politique se mélange à la vie matérielle, culturelle et symbolique, nous en a déjà avertis. Par conséquent, il est très difficile de situer aisément l'éducation dans une des catégories de l'agir. Nous disions qu'une éducation émancipatrice poserait comme condition que tout apprentissage comporte la possibilité d'apprendre par soi-même, ensemble avec les autres. Ce principe venu des Lumières a été établi de manière strictement théorique, intellectualisée et individualiste. Or il prend un tout autre sens lorsque nous l'abordons dans la continuité des manières de faire : apprendre à penser par soi-même revient alors à développer une capacité de compréhension de notre propre existence dans notre propre rapport aux affaires du monde et à ceux qui en font également partie, qui sont passés par là ou qui vont y arriver. Décision (politique), élaboration (poïétique) et contemplation (théorique) seraient dès lors les différentes dimensions, entremêlées et inséparables, d'un même phénomène : la compréhension des liens que nous entretenons avec le monde, d'une manière concrète, située et toujours inachevée. Pour l'apprenant, cette compréhension ne relève pas d'un luxe contemplatif ; elle est au contraire une condition nécessaire pour la vie et pour la survie.

Nous ne savons pas vivre

Ce qui a été abordé jusqu'ici contient une zone d'ombre, une part d'obscurité dont jaillissent les questions qui guident l'ensemble de ce livre. Le fait est que si l'éducation est l'activité la plus ancienne de l'humanité, c'est parce que nous, les humains, nous sommes des êtres qui ne savons pas vivre. Nous ne savons ni comment survivre, ni comment vivre ensemble : tout est à apprendre, depuis notre naissance jusqu'à notre mort. Dans ce trajet, la mort n'achève pas l'apprentissage, elle l'interrompt. Et en tant qu'humanité, aucun apprentissage n'est jamais acquis. Il n'y a pas de cours ni de matières qui seraient réussis ou validés une fois pour toutes. Éduquer c'est apprendre à vivre ensemble et apprendre, ensemble, à vivre ; toujours et encore. Se reconnaître dans cette forme inachevée qui nous constitue : ouverts, exposés, fragiles.

C'est pour cela que l'éducation est une forme d'hospitalité qui a pour objet d'accueillir l'existence dans son besoin de représentation ; recevoir cette existence en même temps qu'on l'accepte dans ce qu'elle a d'irréductible et de disproportionné. Et pour cette même raison aussi, l'éducation est le fondement du pouvoir le plus insidieux, quotidien et terrible que l'humanité ait su inventer : éduquer revient à tenir entre ses mains l'existence des autres, ce qu'ils sont et ce qu'ils pourront devenir. Un par un ; au singulier comme au pluriel ; depuis le premier jour de notre vie et, davantage encore tout au long de la vie. Éduquer c'est guider le destin de la communauté et de chacun de ses membres.

Celui qui n'est pas conscient de ce pouvoir et de cette ambivalence intrinsèque à l'éducation ne peut pas réellement parler de ce qu'elle implique : directement reliée à notre existence, elle peut tuer comme elle peut sauver. Elle peut tuer davantage que n'importe quelle guerre, parce qu'elle peut le faire sous des formes acceptables, dans chaque école publique de chaque quartier, village ou grande ville. Elle tue des regards, des désirs, des raretés, des silences, des représentations, des formes de savoir et d'aimer et elle censure des choix de vie. Combien d'écoliers et d'étudiants ressortent davantage morts que vivants de leurs heures de cours ? Combien d'expressions et de relations ont été censurées par des rapports officiels et des autorités éducatives ? Mais l'éducation peut aussi sauver davantage de vies que n'importe quelle religion, car elle le fait au jour le jour, personne à personne ;

elle est toujours là pour donner un nouveau cap, déplacer des regards, relier des désirs, combattre des oppressions et ouvrir des sentiers qui n'étaient pas auparavant envisageables. Combien de gens, connus ou anonymes, peuvent remercier une maîtresse, un livre, une école ou une sorte de communauté d'apprentissage, d'avoir changé radicalement le cours et le sens de leur vie ?

La lettre d'Albert Camus dans son discours d'acceptation du prix Nobel de littérature de 1957 à son instituteur, Monsieur Germain, est restée célèbre :

> « Je ne me fais pas un monde de cette sorte d'honneur mais celui-là est du moins une occasion pour vous dire ce que vous avez été, et êtes toujours pour moi, et pour vous assurer que vos efforts, votre travail et le cœur généreux que vous y mettiez sont toujours vivants chez un de vos petits écoliers qui, malgré l'âge, n'a pas cessé d'être votre reconnaissant élève[11]. »

La plus belle anthologie de l'humanité serait un recueil des lettres qu'on aurait pu écrire à tous ceux et celles qui nous ont appris quelque chose. Mais il faudrait aussi faire justice et indiquer les lieux de mémoire et les fosses communes des « enfants tombés », des damnés, des exclus et des oubliés de chaque système éducatif. Tous ceux qui, comme Daniel Pennac l'explique très bien dans son *Chagrin d'école*[12], doivent grandir et souvent sombrent dans un système où la vie leur devient incompréhensible.

L'éducation n'est donc pas le salut. Elle soumet, et pour une raison très simple, elle libère aussi : la culture est un système qui relie et délie à la fois. Elle crée des liens et nous apporte des outils pour les recréer encore. Elle structure et montre aussi les limites de chaque système. En somme, elle nous contraint et nous rend libres à la fois. Parler de « pédagogie émancipatrice » revient à

11. Albert Camus, *Discours de Suède*, Paris, Gallimard, 1997.
12. Daniel Pennac, *Chagrin d'école*, Paris, Gallimard, 2007.

prendre part à cet antagonisme et à cette contradiction ; à travailler ces tensions de l'intérieur et de manière située. Il n'y a pas de ciel ou de terre vierge pour la pratique de l'éducation. On est toujours en cours de, en train de tisser et de détricoter les liens qui structurent les relations, celles établies dans chaque société, et celles qu'on veut transformer. Et ce qui est encore plus important : nous le faisons tout en sachant que jamais nous n'arrivons à apprendre ce que nous avons le plus besoin d'apprendre.

« Mais à quoi sert de savoir quand on ne sait plus comment vivre ?[13] » Elle est là, la question dissimulée derrière toutes les questions que nous nous posons sur le sens de l'éducation. Elle nous est adressée par la voix très longtemps réduite au silence de Charlotte Delbo, de retour de déportation au camp d'Auschwitz. Nous savons beaucoup de choses mais nous n'apprenons pas à vivre. Nous a-t-elle servi à quelque chose toute cette éducation morale, culturelle, sentimentale, politique, pendant des siècles, au moyen des mythes, des sciences, des contraintes et des religions, alors que non seulement les camps se perpétuent toujours, devenus aujourd'hui des frontières meurtrières, mais qu'on tue au quotidien, on viole, on détruit, on précarise, on consomme et on exclut d'un futur digne une partie de plus en plus importante de l'humanité ? La disproportion entre ce que nous savons et ce que nous ne savons pas n'est pas une affaire de quantité. Ce n'est pas mesurable sous forme d'écart entre les connaissances dont on dispose et tout ce qui nous reste à découvrir. La disproportion est notre blessure. Cette distance parfois invisible et toujours indépassable entre nous-mêmes, en tant qu'êtres humains, et notre savoir.

13. Charlotte Delbo, *Mesure de nos jours*, Paris, Les Éditions de Minuit, 1971, p. 17.

Une philosophie de l'apprentissage

Mon diplôme de licence comporte la mention suivante : « Licence en Philosophie et Sciences de l'éducation ». Je n'ai jamais compris la raison de cette mention puisque, à l'exception d'un cours d'introduction à la pédagogie en première année, nous n'avons rien appris d'autre en lien avec une science éducative quelconque. Il est cependant évident que les études de philosophie relèvent d'une longue et inachevée réflexion sur l'éducation tout au long de l'histoire et suivant des approches différentes selon les différentes conceptions du monde.

Il est toujours très intéressant de voir l'évolution dans le temps des diplômes universitaires, car ils mettent en évidence la conception et les recompositions, à chaque époque, du cadre formel que l'institution académique délimite pour le savoir légitime. Mon diplôme de 1996, sans être pour autant un reflet de la réalité, dit qu'à cette époque-là, on attribuait à la philosophie et à la pédagogie une racine commune, mais que la pédagogie devait s'appeler désormais « sciences de l'éducation ». Cette dissonance annonçait sans doute le divorce à venir entre les disciplines, les facultés, les méthodologies et les manières de travailler. Depuis lors, le domaine de la réflexion théorique et pratique sur le fait éducatif n'a cessé de se fragmenter et se diversifier de manière exponentielle. Comme dans tous les domaines, la spécialisation est à la fois une tendance et une forme d'intervention où s'entremêlent toujours davantage de sciences très différentes : la psychologie, la sociologie, la communication, la neurologie, la théorie de l'art, l'informatique, la psychomotricité, la politique... Paradoxalement, la tendance à intégrer presque l'ensemble des sciences sociales et humaines à la réflexion pédagogique est allée de pair avec un scientisme grandissant et dangereusement dogmatique, qui a éloigné la science des pratiques critique et créative ; toutes les deux indispensables pour penser l'éducation.

Dans ce contexte, situer la réflexion proposée dans ce livre sous une catégorie scientifique ou épistémologique claire, ce n'est pas évident. Celui-ci s'inscrit dans la tradition de la philosophie de l'éducation mais il en retourne le point de vue et les effets. Il ne propose pas une réflexion sur l'essence, les finalités et les valeurs de la pratique de l'éducateur ; il situe le problème philosophique dans le corps, la perspective et le regard de celui qui apprend, qu'il s'inscrive ou non dans un rapport formel au système éducatif. La réflexion contenue dans ce livre n'épuise pas, ni ne cherche à le faire, les problématiques qu'elle pose. Elle ouvre un temps d'arrêt et de réflexion critique dans un domaine où la pratique, l'action ou l'expérimentation sont inséparables de la pensée. En ce sens, la démarche de ce livre s'inscrit dans la lignée des pratiques apprises par plusieurs générations porteuses d'initiatives d'éducation populaire et de pratiques de pédagogies féministes, qui ont fait de la réciprocité et de l'alliance entre égaux la base d'un changement politique et culturel toujours en cours et toujours en lutte contre les formes de domination propres à chaque société.

La tentation qui consiste à construire des modèles capables de tout résoudre est consubstantielle à notre culture et domine tout particulièrement les aspirations des pédagogues. Les sciences contemporaines des apprentissages, qui cherchent à tout maîtriser et à résoudre l'ensemble des variables liées aux processus d'apprentissage humains et non-humains, ont réduit l'idée d'apprentissage à un rapport d'adaptation permettant de discriminer nos comportements de manière à chaque fois plus précise et plus réussie. La pédagogie académique et les systèmes formels d'éducation se laissent berner par une promesse de transparence, de certitude et de sécurité qui, une fois de plus, se réalise seulement sous la forme d'une opération de domination portée par l'illusion de transparence et de maîtrise. Le point de départ de ce livre est la suspicion face à ces idéaux de transparence, à ces modèles totalisants et aux calculs infinis de données ayant la prétention de tout pouvoir prévoir. Il propose au contraire une philosophie de l'apprentissage capable de tisser des liens avec les parts d'ombre et d'inquiétude qui traversent nos existences et nos apprentissages. Que se passe-t-il dès lors que tout n'est pas visible et quel type de relations pouvons-nous établir avec ce que nous ne connaissons pas, y compris de nous-mêmes ?

Les problèmes précis demandent des solutions précises et, souvent aussi, rapides : il peut s'agir d'ouvrir les salles de cours dans des conditions de pandémie, de décider du meilleur endroit pour bâtir une bibliothèque accessible et désirable à la fois, de bien organiser le temps entre l'école et les activités périscolaires, d'intégrer les nouvelles technologies en se demandant ce qu'on veut en faire, de réduire le taux d'abandon scolaire, de combattre la précarité et les faibles salaires des enseignants... La possibilité de trouver des réponses bonnes et précises est toujours dépendante de la possibilité d'identifier un point de vue qualifié pour les analyser. Ce livre se propose d'aider, justement, à articuler une perspective depuis laquelle il serait possible d'aborder ces problèmes concrets avec une attitude de confiance mutuelle plutôt que dans les rapports de conquête, d'hostilité et d'accusations croisées qui dominent le plus souvent le domaine de l'apprentissage. Quelles sont les alliances que nous pouvons mettre en place en tant qu'apprenants ?

L'éducation ressemble à une conversation qui perdrait toujours le fil, ou à un sentier qui nous conduirait quelque part pour soudain disparaître. Dans le parcours emprunté par ce livre, la conversation part du plus intime de nous-mêmes, la honte d'être au monde et de se donner à voir devant les autres, et termine en se projetant dans un temps futur que nous ne parvenons pas à nous représenter, parce que le présent est devenu opaque et qu'il nous paraît chaque jour un peu plus difficile à déchiffrer. Dès lors, ce livre est une voix qui a besoin de nombreuses autres voix, un sentier qui croise plein d'autres chemins dont il suivra les détours. Et pour cette même raison, il se présente comme ce que l'action éducative devrait toujours être : une invitation à nous penser un peu plus loin de ce que nous pourrions réussir à faire si nous réfléchissions tout seuls. Il s'agit donc d'une invitation, d'un appel à nous découvrir en tant qu'apprenants lorsque notre savoir acquis nous déroute.

Chapitre 2

La honte d'être au monde

Il ne suffit pas de naître. Encore faut-il arriver pour exister. Arriver et se présenter : devant les autres comme devant soi-même ; mais en tant que groupe aussi. Notre existence même, en tant qu'humains, vient avec notre capacité à nous présenter devant nous-mêmes. Qu'est-ce qui nous rend présentables ? Comment fait-on pour apparaître devant et parmi les autres ? Comment comparaître ? Et qu'est-ce qui peut interrompre une arrivée au monde, l'inhiber ou la bloquer ? Dans le milieu éducatif, l'année scolaire commence souvent par un tour de présentation. Les plus petits dessinent leur famille, ils amènent leurs habits ou jouets préférés à l'école et ils racontent l'histoire de leur petite enfance, leurs goûts et leurs lieux de référence. Les plus âgés présentent leurs C. V. et leurs projets ou les raisons pour lesquelles ils ont décidé d'entreprendre ou de reprendre des études. Il faut toujours être en mesure de répondre aux questions « qui es-tu ? », « que fais-tu là ? ». Mais comment fait-on pour assumer cet interrogatoire ? Comment fait-on pour réussir à s'assumer ?

La naissance est imposée. Personne ne choisit de naître, ni le moment ni le dessein d'une vie quelconque. C'est une des raisons qui rendent tellement difficile de se penser en tant qu'êtres nés. Paradoxalement, il est plus simple de nous approprier notre mort que de nous approprier notre naissance. Qui est cette personne naissante ? Le fait d'arriver dans le monde n'est pas une action choisie ou consciente, mais c'est en même temps une action partagée. Naître est inséparable d'accoucher et, avant cela, d'engendrer. La radicale nouveauté de chaque individu tisse de manière unique un ensemble de liens génétiques, affectifs, historiques, sociaux, etc., qui le dépassent en même temps qu'ils le déterminent. Si la naissance est imposée, l'existence, quant à elle, n'est jamais donnée d'avance. Elle n'est pas non plus acquise à vie. Donner la vie ne revient pas à donner une vie. Être en mesure de pouvoir faire face aux autres comme à soi-même va toujours de pair avec le risque de ne pas réussir à le faire ou de se le faire refuser. Rougir, se couvrir les yeux, dissimuler ses mains et vouloir disparaître, voire « vouloir mourir »... La honte met à l'épreuve notre capacité à nous présenter et met en évidence la capacité d'accueil ou d'acceptation du monde qui nous entoure.

Les décors de l'éducation nous donnent à voir une collection inépuisable de tableaux de la honte : la honte de ne pas en savoir assez, la honte de porter un prénom étrange, la honte de ne pas bien s'exprimer ou de ne pas bien maîtriser la langue dominante, qu'elle soit sa langue maternelle ou étrangère. La honte de ne pas s'habiller comme les autres, la honte de ne pas avoir des parents normaux, la honte de grandir trop vite ou trop tard. La honte d'être pauvre, la honte de ne pas venir de quelque part, la honte de passer inaperçu... La honte de ne pas suivre les rites initiatiques du jeu (football, jeux vidéo...), de la communication (rendez-vous, confidences, réseaux sociaux) ou des relations (groupes d'amis, premiers amours, sexualité...). La honte d'être un groupe minorisé ou d'incarner le quota d'échec scolaire faisant partie du système.

> « Je ne veux pas le croire, pourquoi je ne serais pas comme elles, une pierre dure dans l'estomac, les larmes piquent. Ce n'est plus comme avant. Ça, l'humiliation. À l'école, je l'ai apprise, je l'ai sentie[1]. »

1. Annie Ernaux, *Les Armoires vides*, Paris, Gallimard, 1974, p. 59.

C'est la voix d'Annie Ernaux dans *Les Armoires vides*. L'éventualité de la honte est le premier pas vers l'humiliation. L'humiliation possède aussi ses propres arts et manières de faire, adoptés par les enseignants, les camarades et le système en lui-même. Nul besoin de renvoyer à des scènes victoriennes ou à d'autres époques explicitement autoritaires. Aujourd'hui encore, les écoles, à tous les niveaux, sont des lieux où l'humiliation, qui est l'action assumée de rendre autrui honteux pour ce qu'il est, demeure toujours possible. Néanmoins, et pour cette même raison, il s'agit aussi d'espaces où le travail visant à éviter que cette éventualité advienne devient un engagement éthique et pédagogique, au fondement de toute invitation à l'apprentissage. Nietzsche nous a légué ces mots, qui se passent de commentaire :

> « 273 – *Qui qualifies-tu de mauvais ?* – Celui qui veut toujours faire honte.
> 274 – *Qu'y a-t-il pour toi de plus humain ?* – Épargner la honte à quelqu'un.
> 275 – *Quel est le sceau de l'acquisition de la liberté ?* – Ne plus avoir honte de soi-même[2]. »

Politiques du visage

« Le visage est une politique[3]. » Ce sont les mots de Deleuze et Guattari dans le chapitre qu'ils consacrent au visage dans *Mille Plateaux*. Le chapitre s'intitule « Année zéro – Visagéité. Mur blanc, trou noir ». Ce titre en date nous situe aux commencements (naissance ou année zéro de l'existence) tantôt au moment

---

2. Friedrich Nietzsche *Le Gai Savoir, la gaya scienza*, Paris, Société du Mercure de France, 1901.

3. Gilles Deleuze et Félix Guattari, *Capitalisme et schizophrénie. 2. Mille Plateaux*, Paris, Les Éditions de Minuit, 1980, p. 222.

clé du calendrier chrétien : l'apparition du Christ et de son visage dans l'histoire de l'Occident et du monde.

Que le visage nous situe à un commencement ne veut pas dire qu'il est alors vierge ou qu'il précède les déterminations sociales. Il n'y a pas de visage avant celles-ci. C'est pour cela que le visage est une politique, une relation entre des surfaces et des trous, comme le masque au théâtre, qui pleure ou qui sourit. Il nous situe toujours dans un temps et dans un espace, dans des hiérarchies et dans des identités possibles. C'est un corps, mais il ne se réduit pas à une manifestation de la corporéité. C'est une caisse de résonance pour des relations qui dépassent la constitution de chacun des corps. Il n'est donc pas non plus une présence universelle ou univoque. On connaît des cultures sans visage et des visages qui ne réussissent pas à devenir. « Jamais la grammaire commune n'est séparable d'une éducation des visages[4]. » Jusqu'où cette grammaire s'étend-elle ? Qui l'établit et qui la monopolise ? Est-elle partageable et modifiable ? Comment parvenons-nous à nous faire un visage ou à nous en défaire ?

Selon une certaine tradition philosophique, pouvoir comparaître renvoie à la possibilité de se retrouver face à face, situation dans laquelle on peut faire l'expérience d'une présence achevée. Mais ce face-à-face existe-t-il vraiment ? Pour Emmanuel Levinas, par exemple, la présence d'un visage est celle d'un absolu, ou d'un infini, par lequel l'autre se manifeste en tant qu'autre radical, faisant ainsi de cette altérité un principe éthique indépassable qui se projette vers nous sous la forme d'une demande (de responsabilité) en même temps qu'un interdit (tu ne tueras point). Le face-à-face, avec sa violence potentielle, serait dès lors le degré zéro, pour ne pas dire l'année zéro, du visage comme principe et fondement de l'éthique. Mais Deleuze et Guattari nous obligent à

4. *Ibidem*, p. 220.

poser une question qui bouscule l'évidence de ce fondement : et si nous ne parvenons pas à avoir un visage ? Et si celui-ci nous est imposé ou refusé ? Et si quelqu'un nous le détruit ? Ou si l'on souhaite quitter celui qu'on possède ? Est-il possible de redessiner son propre visage ? Comparaître n'est donc pas seulement être en mesure de se tenir en face-à-face sans éprouver une forme de violence ; c'est aussi une affaire de grammaires communes, de politique et, par conséquent, d'éducation.

Naître c'est faire irruption, mais ce n'est pas comparaître. Il faut encore beaucoup de médiations sociales, affectives et culturelles pour y parvenir, sans pour autant qu'on y parvienne entièrement. Il existe cependant d'autres façons de faire irruption dans le tissu de présences dont est faite la société et qui questionnent la possibilité de comparaître. Un cas emblématique de cette expérience de l'irruption imprévue d'un être humain dont on ne saurait voir le visage est celui de Kaspar Hauser, ce jeune homme surgissant soudainement sur la place de Nuremberg le lundi de Pentecôte de 1828. Son cas fait fureur à l'époque et n'a cessé d'être une référence inquiétante pour le cinéma (Werner Herzog), la littérature (Peter Handke, Georg Trakl, Paul Verlaine, etc.) ou encore la musique (Suzanne Vega...). Plutôt qu'un enfant sauvage, comme on en connaissait d'autres à cette époque-là, Kaspar Hauser avait grandi dans un état de réclusion, écarté délibérément des autres humains et de toute forme d'interaction sociale par la personne qui en exerçait la tutelle. Sa présence était celle d'un corps. Mais avait-il un visage ? Kaspar faisait irruption. Mais pouvait-il comparaître ?

On peut se poser la même question à propos de ces autres présences qui font irruption dans nos sociétés et que nous traitons comme des corps sans visage : les migrants. Leur point zéro n'est pas l'absence complète de relations sociales, mais l'absence de relations sociales *avec nous*, quels que soient les contours politiques, raciaux ou culturels que l'on puisse attribuer à ce « nous ». Avec plus de violence donc que la réclusion de Kaspar Hauser, nous leur refusons toute relation à notre monde passé mais aussi présent et futur. Délimitant avec violence un dedans et un dehors où ils sont assignés, même lorsqu'ils habitent avec nous, alors même qu'ils ont une tête, quand bien même elle peut être racialement marquée, ils ne parviennent pour autant à se faire un visage. Ils sont là, mais ils ne peuvent pas comparaître. Nous pouvons leur prêter assistance, les légaliser, les exploiter, les intégrer plus ou moins bien, voire leur donner accès à des titres universitaires... Mais comment faire pour générer une grammaire commune ? Et quel rôle l'éducation a-t-elle à jouer ?

Être et apparaître

Toutes les descriptions de la honte, qu'elles soient littéraires, psychologiques ou du quotidien ont tendance à se concentrer sur le visage. Rougir, se couvrir les yeux ou le visage, vouloir disparaître... La honte est une émotion dont l'expression devient visible sur le visage et qui concerne le fait d'être vu dans une situation qu'on peut penser inadéquate aux yeux d'une tierce personne mais également de nous-même. Les regards croisés de la honte sont très complexes, ils peuvent même se produire sur un plan idéal seulement ; mais la honte est, dans tous les cas, une douleur intense qui affecte le moi (ce que je suis) par ma manière d'apparaître devant les autres (qu'ils soient fictifs ou réels). Elle peut se faire tellement intense qu'elle nous conduise même à éprouver le désir d'abandonner notre existence.

Comme l'explique la philosophe Sara Ahmed dans l'essai *La Honte devant les autres* :

> « La honte est vécue comme une forme d'exposition au monde – une personne voit ce que j'ai fait, elle voit que ce n'est pas bien et que c'est donc honteux –, mais elle concerne aussi une tentative

> de se cacher, une dissimulation qui demande au sujet de tourner le dos à autrui et de se tourner sur soi-même[5]. »

Si la honte se trouvait cantonnée à ce jeu d'apparition et de dissimulation elle n'irait guère plus loin dans le jeu d'ombres et de lumières au travers duquel nous nous présentons et nous représentons devant les autres. Mais dans le geste du retour sur soi-même dont parle Sara Ahmed, la honte affecte directement le moi le plus intime :

> « Il s'agit d'une sensation intense et douloureuse qui est liée à ce que le *je* ressent par rapport à lui-même[6]. »

Nous nous retrouvons dès lors face à une expérience où comparaître d'une manière particulière devant les autres (ou devant ce *je* idéal qu'on place sur les autres) inflige une blessure à ce que je suis ou à ce que je pourrais être. La honte n'est pas cantonnée à ce que j'ai fait ou à ce qui s'est passé auparavant, elle parle douloureusement de ce que je suis. On peut lire sa propre honte dans les yeux d'autrui mais on la ressent dans le plus intime et le plus profond de son être, qui se retrouve, d'une certaine manière, rejeté.

Que devient le moi interrompu par la honte ? On peut avancer plusieurs sortes d'explications mais elles reviennent toujours à montrer une forme de scission entre le moi et soi-même. Reprenant les analyses que Darwin avait réalisées sur les émotions humaines, le sociologue allemand Georg Simmel a consacré un article en 1901 à la psychologie de la honte. Darwin avait déjà montré comment la honte était issue de l'attention que le regard d'un tiers porte sur le moi. Simmel continue de tirer le fil de cet argument mais avec une précision supplémentaire intéressante : la conséquence de l'attention portée par les tiers n'est pas seulement

5. Sara Ahmed, « Vergüenza ante los otros », *La Política cultural de las emociones*, Mexico, UNAM, 2015, p. 164.
6. *Ibidem.*

le fait de se sentir exposé ou réifié (comme le dira Sartre plus tard), mais c'est aussi la création d'une tension dans laquelle ce *moi* se retrouve à la fois magnifié et réduit. Magnifié en tant qu'objet d'attention mais réduit dans sa perception et son estime de soi. C'est « une emphase intense dans le sens du moi qui va de pair avec une réduction de celui-ci[7] ». Cette tension explique pourquoi la douleur de la honte peut se produire dans des situations tellement différentes et apparemment incomparables comme avoir un trou dans ses vêtements, avoir une difformité corporelle, être pauvre ou avoir commis une faute morale grave.

C'est pourquoi, lorsque nous parlons de la honte, nous parlons de ce que nous sommes selon les différentes manières que nous avons de nous prêter attention. Ces manières, elles s'éduquent. Elles sont une partie essentielle de tout processus d'apprentissage. S'il y a quelque chose d'important que nous pouvons apprendre par l'éducation c'est de prêter attention (au monde, aux autres choses, à autrui) et de mériter de l'attention (ou tout le contraire). Pour cette raison, tout en étant par essence tellement intime, la honte est l'émotion du lien. Par son biais, on manifeste, on transmet, on consolide et parfois on transforme les relations de pouvoir et de vérité qui agencent, comme une invisible toile d'araignée, nos différents liens.

L'émotion du lien

La honte réunit dans la douleur ce que la philosophie occidentale a toujours essayé de séparer : l'être et le paraître, l'intériorité et l'extériorité, l'individu et la collectivité. Trois dichotomies qui ne parlent pas vraiment de la même chose, mais qui

7. Georg Simmel, « Zur Psychologie der Scham » [« Sur la psychologie de la honte »] in *Gesamtausgabe*, bearbeitet und herausgegeben von Klaus Christian Köhnke. Francfort, Suhrkamp, 2000, p. 431-442.

présupposent une idée commune de la vérité. La vérité n'est, dans aucun de ces trois cas, assimilable à ce qui apparaît ou à ce qui se montre. Puisqu'elle n'est pas assimilable, elle peut être à l'abri. Lorsque dans notre vie quotidienne nous disons que « ce n'est pas ce qu'il paraît », « ils diront bien ce qu'ils voudront, je resterai moi-même », etc. nous établissons une distance pour neutraliser les apparences, qu'elles ne trahissent pas l'une des vérités de ce que je suis. La honte, en revanche, efface cette distance. Ce qui apparaît de l'être aux yeux des autres remet en question la vérité du soi, l'être lui-même. C'est la raison pour laquelle, affirme la philosophe hongroise Ágnes Heller, la honte est « l'effet social par excellence[8] ».

Propre ou étrangère, la honte est un affect et un instrument de socialisation parce qu'elle transmet une normativité qui adopte la forme d'une conduite à respecter, des attentes, des idéaux... Elle est, de ce fait, une arme éducative tout aussi dangereuse que puissante. Elle dépasse les lois ou les régulations parce qu'elle agit à la fois de manière intime et publique. Cette normativité adopte des formes diverses selon chaque contexte culturel, historique ou social. Ce n'est pas une question de lois ou de réglementations à respecter. Il s'agit bien de codes d'honneur, de liens d'amour ou de valorisation du succès, entre autres. Dans tous les cas, et en fonction de l'élément culturel prédominant, ce qu'on perçoit dans la honte, c'est un lien suspendu à la menace d'être brisé. Perdre son honneur, ne pas être aimé, échouer... autant de formes par lesquelles ce qui nous permet d'exister, en étant là avec les autres, peut nous être retiré. Sara Ahmed écrit ceci :

> « La honte confirme en le refusant l'amour qui nous maintient ensemble[9]. »

---

8. Ágnes Heller, *Teoría de los sentimientos*, Mexico, Coyoacán, 1999, p. 105.
9. Sara Ahmed, *op. cit.*, p. 171.

Nous disions qu'on refuse un visage aux migrants qui font irruption parmi nous. Mais ils engagent chaque jour ce visage lorsqu'ils refusent que les difficultés de leurs vies refoulées, souvent dramatiquement échouées, leur fassent honte et rendent honteuses aussi leurs communautés d'origine. Face à leurs proches restés au loin, avec qui ils partagent la même grammaire d'attentes, ils doivent faire attention à ne pas perdre la face, même s'il leur faut souvent, pour cela, produire des faux récits de réussite et de bien-être. De la même façon, on peut se demander : pourquoi aujourd'hui autant de jeunes qui refusent d'apprendre à l'école passent en revanche leur temps à faire toutes sortes de prouesses, y compris au risque de leur vie, pour les montrer sur Internet ? Qui cherchent-ils à convaincre ? Ils suivent des modes, bien entendu, mais ce qu'ils font c'est qu'ils surjouent le besoin d'avoir des liens ; ils débordent la honte de leur devenir et poussent leur action de comparaître jusqu'aux limites de la démesure.

Ce que la honte nous apprend des liens, c'est qu'ils s'établissent toujours sur des rapports d'inégalité. Si le lien peut nous être retiré c'est parce que quelqu'un (une personne, un groupe ou une institution) est en mesure de nous le refuser. La honte fait toujours apparaître une relation de pouvoir. Mais s'il n'y avait que la manifestation du pouvoir de l'autre, qui peut nous accepter ou nous rejeter, il pourrait y avoir de la violence ou des menaces, mais il n'y aurait pas de honte. Si celle-ci existe, c'est parce qu'elle nous expose au besoin même de ce lien : elle nous fait ressentir, sous forme de subordination ou de besoin du regard accueillant de l'autre, la vulnérabilité dont nous sommes constitués. La honte nous montre ainsi, en amont d'une action moralement mauvaise ou d'un sentiment d'écart par rapport à la norme, l'incomplétude et l'interdépendance humaine. Quelle honte pourrait atteindre un être pleinement autosuffisant ?

C'est pour cette raison que l'usage de la honte comme outil de socialisation est tellement efficace : elle agit sur la nécessité que nous éprouvons d'avoir des liens. Elle se nourrit de la vulnérabilité qui met à nu et qui expose, sans l'abriter, la condition désemparée des êtres humains. Elle fonctionne, de ce fait, comme une intériorité publique et comme une publicité intime où entrent en jeu aussi bien les liens entre les individus que les formes de relation de la communauté elle-même. Ce rapport entre le pouvoir et la nécessité, entre celui qui peut refuser un lien et celui qui en est dépendant, se rend visible d'une manière très crue et emblématique lorsqu'une punition est infligée. Une des dimensions les plus importantes et efficaces de la punition, que ce soit à la maison, dans l'espace d'éducation ou dans le milieu carcéral, est son caractère honteux. Assister à la honte intime du puni transmet et renforce la norme[10]. C'est une menace à l'égard des autres, mais c'est aussi là que le groupe se reconnaît dans la honte qu'il inflige à l'autre ; il en fait même la source d'un plaisir partagé. On semble avoir oublié ces derniers temps le rapport intrinsèque entre éducation et punition, parce que dans le système éducatif contemporain la punition n'a pas bonne presse et qu'on n'en parle pas ouvertement. Mais la punition n'a jamais disparu. Le risque, formel ou informel, d'être puni ou d'être moqué, contribuant par la dégradation d'un soi au renforcement normatif de la communauté, est toujours présent.

Le bond du lion

Pour cette même raison, la honte n'est pas seulement un outil de socialisation, elle peut également devenir une force d'opposition. Elle fait apparaître la limite au-delà de laquelle on n'accepte

10. Le livre de Martha Nussbaum, *Hiding From Humanity. Disgust and Shame in the Law*, Princeton, Princeton University Press, 2004, reprend les débats autour de cette question dans le milieu académique et juridique aux États-Unis.

plus la dégradation de soi ou de l'autre. Du point de vue de la personne qui la subit, la honte peut devenir un levier de résistance, un argument de reconstitution ou une poussée vers une transformation radicale. L'émotion du lien n'est pas seulement l'explicitation d'un besoin d'accueil, elle rend aussi perceptible cette limite au-delà de laquelle une situation n'est plus acceptable ou doit être transformée radicalement. Peut-on apprendre à percevoir cette limite ? Et de quelle éducation a-t-on besoin pour ne pas cesser de la percevoir ?

La honte peut devenir un frein à l'arbitraire, propre ou observé. Il s'agit de la honte, pourrait-on dire selon l'expression de Josep Maria Esquirol, comme forme de résistance intime. « Ma liberté arbitraire lit sa honte dans les yeux qui me regardent[11] », écrit Levinas. Nous la trouvons déjà dans la tragédie *Philoctète*, de Sophocle, lorsque Néoptolème ne se sent plus capable de continuer à leurrer Philoctète, l'archer infirme et abandonné, avec les instructions d'un Ulysse toujours rusé. Qu'est-ce qui l'en rend incapable ? C'est lui-même dans les yeux de l'autre ; la scène de l'humiliation qui s'est inversée. La honte devient alors le frein à l'instrumentalisation ou à la dégradation absolue de l'autre. C'est la perception d'un « ça suffit », d'une limite qui maintient encore une lueur d'espoir, le désir d'agir honnêtement.

La honte peut devenir aussi, par cet apprentissage de la limite, un argument pour la recomposition. Dans certaines situations collectives, la reconnaissance de la honte infligée ou subie permet à la communauté de se retrouver et de se recomposer selon un nouveau rapport. C'est ce qui se passe dans des communautés qui ont subi des formes très fortes de violence ou dans celles qui se reconnaissent et se savent à l'origine d'atrocités. Comment faire pour que la honte et sa reconnaissance deviennent

11. Emmanuel Levinas, *Totalité et infini*, Paris, Le Livre de Poche, 1990, p. 282.

des formes de réconciliation qui ne relèveraient pas de la résignation ? Comment apprendre à nous retrouver dans, à travers et au-delà de la honte tracée par le destin d'une collectivité ?

Traverser les hontes de l'histoire, sans culpabilité mais comme un apprentissage collectif, peut devenir l'élan vers un changement radical, un exercice d'éducation collective vers l'émancipation. Voici ce que Marx explique à son interlocuteur dans une lettre de 1843 :

> « Vous me regardez en souriant et vous me demandez : à quoi cela nous avance-t-il ? On ne fait pas de révolution avec la honte. Je réponds : la honte est déjà une révolution [...]. La honte est une sorte de colère : celle par quoi on s'en prend à soi-même. Et si toute une nation avait vraiment honte, elle serait le lion qui se ramasse pour se préparer à bondir[12]. »

Pour y parvenir, affirme Marx, il faut rendre plus honteuse encore la honte, en la rendant publique. Il ne s'agit pas de renforcer la communauté qui assiste à la honte de l'abusé, de l'exclu ou du puni. Il s'agit, au contraire, de faire en sorte que le peuple apprenne à s'effrayer de sa propre nature pour lui donner, ainsi, de l'élan. La révolution ainsi comprise est aussi une éducation ou plutôt, précisera Marx, une auto-éducation. Elle nous apprend, précisément, à identifier les limites de la domination et à trouver des réponses pour nous en libérer.

La honte de devenir humains

Nous nous sommes d'abord demandé comment faire pour comparaître ; comment parvenir à exister avec et parmi les autres. Nous avons dit qu'il ne suffisait pas de naître. Que

12. Karl Marx, « Lettre à Arnold Ruge », *Marx, Engels : Correspondance, tome I (novembre 1835 – décembre 1848)*, Paris, Les éditions sociales, 1977, p. 286-287.

jamais l'existence n'est acquise, parce qu'elle est dépendante de liens qui nous sont en partie imposés, mais qui peuvent aussi nous être refusés et malmenés. La honte est la douloureuse émotion qui rend visibles ces liens mais aussi leurs limites. Elle a à voir avec la visibilité et avec la vulnérabilité. Mais elle relève aussi d'une vision ; une révélation qui nous apprend quelque chose sur nous-mêmes, au risque de nous désagréger, de ne pas pouvoir la soutenir parce qu'elle nous rend insoutenables à nos propres yeux. Le geste de se couvrir le visage devient, de ce fait, inséparable d'un autre geste : ouvrir les yeux.

> « Alors ils se virent tous deux tels qu'ils étaient, ils se rendirent compte qu'ils étaient nus. Ils attachèrent ensemble des feuilles de figuier, et ils s'en firent chacun une sorte de pagne[13]. »

Dans le livre de la Genèse, ce moment est sans équivoque : prendre le fruit de l'arbre de la connaissance du bien et du mal entraîne comme conséquence immédiate la découverte de la nudité. Il ne s'agit pas seulement d'une morale sexuelle. La honte apparaît avec le savoir et le savoir est ce qui nous découvre nous-mêmes démunis et nécessiteux, exposés et précaires. La sexualité est une manifestation de cette condition incomplète et limitée. Ouvrir les yeux revient à savoir que notre fragilité est le fondement indépassable de notre bonté et de notre méchanceté. Nous pouvons faire le bien et le mal, nous pouvons nous faire du bien et nous faire du mal. Ouvrir les yeux nous fait découvrir à la fois la faiblesse et le crime.

À l'opposé de notre tradition littéraire, un témoignage nous situe par sa voix au centre d'une des scènes du crime le plus terrible que l'humanité a su produire. Elle est iconique mais elle n'est pas exceptionnelle. Elle parle de nous. Il s'agit des camps nazis et la voix est celle de Primo Levi. Il écrit dans *Les Naufragés et les Rescapés* :

13. Genèse, 3 : 7.

« Mais à nous, l'écran de l'ignorance voulue [...] nous a été refusé : nous n'avons pas pu ne pas voir. L'océan de douleur, passé et présent, nous entourait, et son niveau a monté d'année en année jusqu'à nous engloutir presque. Fermer les yeux ou tourner le dos était inutile, car il était tout autour de nous, dans toutes les directions jusqu'à l'horizon. Nous ne pouvions pas, et nous ne l'avons pas voulu, être des îles[14]. »

Ce texte, qui reprend des années plus tard le témoignage de *Si c'est un homme*, revient sur les différents visages de la honte qui stigmatisent ceux qui sont passés par les camps et qui ont survécu. C'est la honte du déporté, issue de tout ce qu'il a dû endurer et qui l'a avili jusqu'au plus extrême ; c'est la honte du survivant, qui doit continuer à vivre à la place d'un autre, peut-être quelqu'un de mieux que lui. Mais c'est aussi ce qu'il appelle la « honte du monde », la douleur ressentie devant la faute commise par le genre humain, alors que lui-même en est le témoin et qu'il y a été impliqué. L'extrait qui vient d'être cité relie la vision et le lien. Ici c'est la vision imposée qui s'abat avec cruauté sur la victime, et qui l'étouffe :

« Nous n'avons pas pu nous empêcher de voir. »

L'option de ne pas remarquer n'existait pas, contrairement à ce que nous pouvons faire dans notre vie quotidienne devant les atrocités qui nous entourent, ou à ce que faisaient aussi les habitants de l'Allemagne nazie et de l'Europe pendant leurs trajets entre le travail et la maison, tout en voyant les trains et la fumée de l'incinération des victimes et des exterminés. Mais quand Levi fait référence au lien, il s'arrête à une double expression : ne pas être comme des îles, dit-il « cela n'a pas été possible, et nous ne l'avons pas voulu non plus ». C'est alors que l'imposition devient une volonté. La honte du monde devient l'engagement avec le monde.

Ouvrir les yeux et savoir peut nous rendre la vie impossible, comme ce fut finalement le cas pour Primo Levi, mais c'est une

14. Primo Levi, *Les Naufragés et les Rescapés. Quarante ans après Auschwitz*, Paris, Gallimard, 1989, p. 84.

condition pour que le monde devienne un monde commun au lieu d'un ensemble d'îles qui s'ignorent ou se dévorent les unes les autres. Face à la masse de douleur ineffaçable qui constitue ce monde, nous ne pouvons pas rester figés dans le scandale moral ni dans la culpabilité. La honte traverse l'horreur parce qu'elle nous oblige à nous approprier le lien et à le penser, à nous penser depuis sa souffrance. C'est pour cela que Deleuze, lecteur de Primo Levi, finit par reconnaître à la fin de son parcours, peu de temps aussi avant son suicide, que la honte d'être des humains est un des motifs majeurs de l'art et de la pensée, moins en tant que productions ou disciplines culturelles qu'en tant que pratiques par lesquelles nous sommes, les humains, en mesure de libérer la vie là où nous l'enfermons et la maltraitons nous-mêmes.

La honte d'être des humains est un héritage de la modernité et de la tension entre la puissance débridée du développement technologique et l'impuissance face à l'histoire et à nous-mêmes. Si ouvrir les yeux revient à découvrir à la fois le crime et la faiblesse, il faut y ajouter dans les sociétés modernes la relation de cet humain faible et criminel aux objets, engins et instruments qu'il a produits. Les choses non seulement nous éduquent, comme l'écrit Pasolini à son élève imaginaire Gennariello ; elles parviennent aussi à nous complexer et à nous rendre honteux. Face à leur force, perfection et capacité d'action, on se découvre imparfaits, faibles, moches, vieux... Il nous faut dormir, nous avons des besoins physiques, notre esprit se fatigue et nous tombons malades... Les machines que nous avons nous-mêmes créées possèdent la force, et désormais l'intelligence, que nous souhaiterions avoir pour nous. Des machines à tuer et des machines à penser. Elles nous mépriseraient si elles le pouvaient. C'est ce que Günther Anders défend dans *L'Obsolescence de l'homme*[15]. Il l'appelle la « honte prométhéenne »

15. Günther Anders, *L'obsolescence de l'homme*, Paris, L'encyclopédie des Nuisances/Ivrea, 2002.

et il la définit comme cette honte issue de la qualité humiliante propre aux choses faites par l'être humain.

Amoureux des machines que nous avons créées et que nous ne sommes pas, complexés par leur force et par leur intelligence, que peut-on attendre ? Historiquement, les humains se sont sentis petits et démunis face à l'immensité du cosmos. De cette disproportion sont nés les dieux, jouant avec nos destins depuis leur éternité et leur toute-puissance. Mais de cette conscience de la disproportion ont aussi émergé les capacités d'admiration, de contemplation, d'invention et d'apprentissage. L'éducation est l'art de transmettre et de transformer les savoirs acquis pour faire en sorte que le monde ne nous dévore et ne nous étouffe.

Nous disposons aujourd'hui de machines qui font des choses impensables pour nos cerveaux partiels et limités, qui apprennent par elles-mêmes et qui deviennent doucement les maîtres implacables de l'efficience et de la résolution de problèmes. La honte d'être des humains, et plus concrètement la honte prométhéenne, peut nous conduire à nous mettre à leur service et à se plier à leur diktat. Il y a une humiliation qui va au-delà de celle qu'on peut s'infliger les uns aux autres : c'est celle qui nous parvient indirectement à travers nos propres créations. Ce ne sont pas elles qui nous regardent, nous nous regardons nous-mêmes à travers elles et cela nous rend honteux de l'être déficient que nous sommes. Nietzsche disait que la marque de la liberté conquise est de ne plus ressentir de honte devant soi-même. Ouvrir les yeux, c'est apprendre à regarder le monde en même temps qu'on apprend à comparaître devant les autres et devant nous-mêmes. Ouvrir les yeux, dès lors, c'est être en mesure d'assumer le regard des uns et des autres sans ressentir aucune honte ou en faisant de cette honte l'apprentissage d'une limite nous permettant d'aller plus loin.

Chapitre 3

Accueillir l'existence

Nous sommes des êtres de l'accueil[1]. Si naître ne suffit pas pour exister et grandir ne suffit pas pour être, c'est parce que nous avons aussi besoin d'être accueillis dans un monde. Nous avons vu qu'il n'existe pas de chemin balisé nous conduisant à être mieux ou moins bien accueillis. Ces chemins, au contraire, peuvent être détournés et conduire à un échec entraînant une forme de blessure, voire de perte de soi. Réussir à comparaître n'est jamais acquis d'avance. Exister ne l'est donc pas non plus. Entre nous et le monde s'étend une suite de médiations affectives, culturelles, sociales, politiques et matérielles qui mettent en jeu le devenir de chacun d'entre nous. L'éducation prend une place centrale dans ces médiations. Nous appelons « éducation » cet ensemble de pratiques qui définissent conjointement l'art d'accueillir l'existence dont chaque société décide de se doter.

L'hospitalité peut être autoritaire ou réciproque. Il peut s'agir de l'hospitalité du maître qui ouvre la porte de chez lui, de son école ou de son pays, mais qui impose ses conditions, comme il peut aussi s'agir de l'attention que l'on s'accorde les uns aux autres lorsque l'on redéfinit un vivre ensemble. Même si on parle d'« hospitalité » dans les deux cas, les deux expériences n'ont rien à voir : l'une renforce le domaine du maître, l'autre ouvre

1. La formule (*somos seres de acogida* en version originale) est de Lluís Duch dans *La Educación y la crisis de la modernidad*, Barcelone, Paidós, 1997, p. 15.

des espaces pour un vivre ensemble réciproque. « Faire une place pour le nouvel arrivant n'est pas si simple[2] » écrit le pédagogue Philippe Meirieu. Du point de vue de l'apprenant, qu'est-ce qu'on entend par *accueillir* et *être accueilli* ? Qui peut arriver et où ? Qui peut accueillir et pourquoi ? Si trouver une place pour le nouvel arrivant n'est pas si simple, c'est parce qu'il n'y a pas d'emboîtement parfait. L'existence relève d'un décalage alors que tout système demande à être nourri par la fiction de l'ajustement ; de l'inscription régulée et totalisatrice. La liste d'appel, le nombre d'inscrits. Le registre civil fait l'État ; le recensement fait la démocratie. Et l'humanité est faite d'un nuage de données traitées par microsecondes. Le système d'éducation, très concrètement, est fondé sur l'inscription comme condition pour l'apprentissage. Celui qui n'y trouve pas sa place est expulsé et refoulé ; il dysfonctionne, il ne dispose pas des prérequis ou des capacités nécessaires.

Nous vivons dans un monde de systèmes hautement complexes qui sont, dans le même temps, en permanence débordés. Ces systèmes appréhendent les talents, le temps et l'attention, et dans le même geste expulsent des vies et détruisent des attentes. Chaque individu est perçu et évalué comme un potentiel, tout en étant traité comme un éventuel déchet, recyclable autant de fois que possible avant sa mise à l'écart définitive. Comme l'explique la sociologue Saskia Sassen, nous vivons dans des systèmes élaborés et complexes qui produisent des formes de brutalité élémentaire[3]. Cette brutalité ne s'exerce pas seulement sur les corps et les vies exploitées. Elle va au-delà : elle produit des humains résiduels dans des quantités industrielles. Avoir du

2. Philippe Meirieu, *Frankenstein pédagogue*, Paris, ESF, 2017.

3. C'est l'idée principale de la recherche de Saskia Sassen, *Expulsions: brutality and complexity in the global economy*, Cambridge, Harvard University Press, 2014.

potentiel ou devenir un déchet : voilà, semble-t-il, les deux seules existences possibles aujourd'hui.

Pouvoir être

Si l'on existe, c'est parce que l'on peut exister. C'est pour cela que nous sommes un sujet, mais pas seulement. Et que nous sommes dans le monde, mais jamais complètement. Nous sommes ce qui est et ce qui pourrait être ; ce qui devient et ce qui ne peut pas devenir ; nos vies vécues et celles qui ne l'ont pas été ; celles qu'on a désirées et celles dont on a été frustré ; les vies partagées et les vies perdues. Le déséquilibre de l'existence désigne l'espace des possibles. Cette potentialité de l'être a été pensée sous plusieurs formes par la philosophie. Le concept de puissance est au fondement de toute la philosophie occidentale et ce qui évolue, c'est la manière d'en penser les limites et les conditions pour s'épanouir ou pour passer à l'acte. Depuis la métaphysique jusqu'à l'éthique et la politique, derrière chaque problématique un peu concrète se cache toujours une question de fond : comment abordons-nous les potentialités qui nous sont constitutives ?

L'éducation intervient tout particulièrement sur les modalités possibles de notre existence. En fait, on pourrait affirmer que la matière première de l'éducation relève, justement, de l'acte de pouvoir être. Éduquer revient à intervenir consciemment sur les possibilités de vie de ceux à qui nous apprenons quelque chose. Et le fait d'apprendre, que ce soit une science, une habitude ou une technique, revient pour l'apprenant à établir une forme particulière de relation nouvelle avec son entourage, relation dont la réalisation pourrait très bien être ou ne pas être, se produire ou ne pas se produire. Tout apprentissage peut ne pas avoir eu lieu, ce qui modifie la carte des possibles qui s'ouvriront ou se refermeront à partir de là.

Qui peut devenir quoi ? À partir de cette question, et malgré son engagement pour l'équité, le système éducatif hiérarchise les existences et distribue les futurs envisageables. L'éducation ainsi comprise devient un distributeur d'options de vie que nous sommes en mesure d'étendre ou de restreindre suivant un système codifié d'attentes, en fonction de la mobilité sociale de chaque période et de chacun des contextes sociaux. Cette restriction des possibilités de l'existence à un jeu opportuniste s'est construite, dans les sociétés modernes occidentales, à partir de deux grandes fictions : la fiction juridique de l'égalité des chances et la fiction extractiviste de l'idée de potentiel. La première est une fiction libérale qui fait de l'individu un sujet formel de droits à l'intérieur d'un marché d'options de vie censé être neutre. Le système étatique doit prendre en charge cette neutralisation des conditions permettant aux individus de disposer librement de ces options. La seconde fiction est néolibérale et conçoit l'individu comme une ressource unique et particulière, définie par son potentiel caché. Un bon système éducatif proposerait alors des outils pour développer et tirer un maximum de profit de ce potentiel. Dans les deux cas, l'individu est une pièce centrale dans l'échiquier des possibles. Nous évoluons de l'individualisme des opportunités vers l'individualisme des capacités[4].

La nouvelle identité de l'individu, dans un système fondé sur l'exploitation intensive des ressources plutôt que sur le temps de travail, est son potentiel. Une observation attentive nous montre comment ce mot est aujourd'hui au centre des discours pédagogiques et entrepreneuriaux les plus répandus. C'est même le mot central du langage officiel. Dans le compte rendu de l'Unesco *Rethinking Education* on lit, au sujet de l'approche humaniste de l'éducation, qu'elle « demande une approche ouverte et flexible de

---

4. Alain Ehrenberg, *La Mécanique des passions*, Paris, Odile Jacob, p. 114.

l'apprentissage tout au long de la vie : une approche qui pourrait donner à tout le monde la possibilité d'accomplir son potentiel vers un avenir durable et une vie digne[5] ».

Avec ce genre de définitions, accueillir l'existence revient à détecter, gérer et promouvoir le potentiel de chaque personne afin qu'elle puisse réussir à se gérer et tirer le plus grand rendement possible d'elle-même. Si, dans le régime libéral, les opportunités se trouvent en dehors de l'individu, le potentiel est quant à lui un pouvoir qui a été intériorisé. Il est irréductiblement unique et personnel, mais en même temps classifiable, quantifiable et évaluable en fonction d'un système de catégories qui organisent en catalogue ces capacités reconnaissables et valorisables que sont les compétences. Le potentiel, dissimulé donc, nous est « révélé selon un système d'attentes collectives centré sur la valorisation des différences individuelles[6] ». Le potentiel est une équation comprenant la singularité de chaque existence et l'incertitude de ses relations possibles avec son entourage. Une bonne éducation devrait maximiser les capacités de chacun à adopter une ligne d'action pour la réussite dans un contexte incertain et complexe. Nous y reviendrons plus tard. Pour l'instant, devant ce type de raisonnement, on peut soulever la question suivante : que se passe-t-il dès lors que le potentiel n'est pas assez élevé, assez adapté, ou bien qu'il ne s'est pas assez bien développé ?

Travailler son propre potentiel tout au long d'une vie peut s'avérer, ou non, une réussite, c'est-à-dire qu'on peut en tirer, ou non, des résultats vérifiables et profitables. Le système éducatif et ses différents embranchements professionnels, économiques et sociaux, demandent que, sans préjuger du potentiel de chacun,

---

5. Unesco, *Rethinking Education. Towards a global common good?*, 2015, p. 11, disponible en ligne sur : https://unesdoc.unesco.org/ark:/48223/pf0000232555.

6. Alain Ehrenberg, *op. cit.*, p. 39.

celui-ci évolue toujours selon la même logique : qu'il augmente, qu'il progresse de manière satisfaisante. Comme les indices économiques, l'activité personnelle doit aussi faire preuve d'une croissance permanente, d'un élargissement et d'une progression. C'est le nouvel idéal humain (ou post-humain ou trans-humain) : l'amélioration permanente de nos capacités physiques et mentales (*human enhancement*). On peut se retrouver en dehors de cet idéal pour de nombreuses raisons : elles vont de ne pas disposer d'un potentiel quelconque, jusqu'à ne pas avoir et ne pas trouver les conditions pour le développer. L'envers du potentiel, c'est le déchet ; ce qui n'est plus utilisable, ni réutilisable, y compris par soi-même. Le système qui transforme toute forme de pouvoir être en un potentiel est le même système qui produit des quantités de plus en plus grandes de vies humaines résiduelles.

Des existences résiduelles

Il y a chaque jour davantage de jeunes qui se sentent hors-jeu. Voyant comment leurs pères, mères, grands-parents, ainsi que leurs métiers et modes de vie, devenaient obsolètes, ils ont pris conscience d'avoir consommé toutes les vies dont ils disposaient dans leur jeu d'arcade en ville. Il s'agit d'existences résiduelles, de citoyens à temps partiel à qui on demande, pour la forme, d'aller voter ou de présenter un papier. Assaillis par les addictions et les troubles mentaux, délaissés par une éducation qui ne leur apporte rien et ne les interpelle pas, conscients du fait que personne ne les attend, même pas pour les exploiter, ils flottent tout en se brisant. Dans les pays les plus pauvres, la résidualité n'est pas une possibilité parmi d'autres, elle est un point de départ pour des millions de jeunes. Résidualité signifie alors survivre au jour le jour entre les montagnes de déchets du monde riche ; être un déchet entre les déchets de la croissance. Le capitalisme global n'a pas besoin de tout exploiter. Il n'a pas non plus besoin non plus d'une armée ou d'une masse de travailleurs de réserve. De la même manière qu'il gonfle ses profits avec une production « non reprenable », il transforme les vies humaines en déchets non reprenables.

La question propre à chaque vie, quel que soit son point de départ, est alors la suivante : comment se situer ? On place les marques dans un marché, les pions sur un échiquier et, aujourd'hui, les individus selon le pack d'options auquel ils peuvent prétendre en fonction de leur talent et potentialités. Combien de fois un individu peut-il se replacer ou se reconvertir avant de devenir superflu ? Dans la société de l'expulsion permanente, on vit aussi sous la menace permanente de l'expulsion cognitive. Loin d'être comprise comme un parcours enrichissant et tourné vers la transformation personnelle et collective, la formation tout au long de la vie ressemble dangereusement à l'expérience de marcher sur un champ de mines. Jusqu'où va-t-on réussir à marcher, pas à pas, avant qu'une bombe n'explose et nous envoie hors-jeu ? Les chemins d'aujourd'hui ne suivent pas un tracé en ligne droite. Nous devons, comme sur un champ de mines, avancer à l'aveugle, en avant et en arrière, sans jamais avoir la certitude d'être à l'abri. Combien de jeunes ont suivi ces dernières années des enseignements censés déboucher sur un emploi qui se sont avérés être des machines à produire des chômeurs ? Combien de métiers bien considérés un jour cessent de l'être dès le lendemain, sans laisser d'autre trace qu'une montagne de vies abandonnées à leur insignifiance sociale ? À l'arbitraire des marchés de l'éducation et du travail viennent s'additionner situations fragiles et précaires qui accompagnent leurs changements de cap : ruptures affectives, troubles mentaux, absence de sens et de liens durables, changements de domicile, d'environnement et migrations forcées...

Zygmunt Bauman a consacré un de ses derniers livres aux *Vies perdues*. Il se demande ceci : si rien ne contient, en soi, la condition de déchet, qu'est-ce qui nous fait en devenir un ? Le déchet est « un des problèmes les plus angoissants, un des secrets les mieux gardés de notre temps[7] ». Dans une société de la consommation rapide, les choses deviennent des déchets soit parce qu'elles ont été pensées pour périmer rapidement et ne pas pouvoir être réutilisées, soit parce qu'une autre est déjà sur le point de surgir, celle qui captera notre désir de consommation et de possession. Comment ce mécanisme de tri et de rejet fonctionne-t-il pour les vies humaines ? Quelles sont les conceptions politiques et sociales qui font des existences humaines un nouveau déchet de plus en plus présent ? « Les éboueurs sont les héros oubliés de la modernité[8] », écrit Bauman, parce qu'ils rafraîchissent tous les jours la frontière entre le dedans et le dehors. Il ne s'agit pas d'une frontière préexistante. Elle est créée par l'action même d'écarter, jour après jour, celui qui peut entrer de celui qui ne le peut pas, ceux qui continuent à prendre part au jeu de ceux qui demeurent hors-jeu. La frontière bouge avec nous, elle peut marcher sur notre ombre ou s'avancer jusqu'à devenir le seul horizon visible. Toute aussi hyperactive que le système qu'elle délimite :

« Son seul mode d'existence est l'incessante activité de séparation[9]. »

La nette dualité qui a opposé les seigneurs à leurs sujets, les bourgeois aux prolétaires, les opprimés aux oppresseurs, les « inclus » aux exclus, est devenue aujourd'hui une gradation dynamique dans laquelle chaque individu, selon sa capacité à rester situé et situable, est plus ou moins expulsable de la zone où il se trouve. Cela veut dire que le « dedans » est temporairement plus sûr, mais qu'il n'est pas stable. Nous vivons sous un régime fondé sur la possibilité généralisée et inégalement rendue effective de

---

7. Zygmunt Bauman, *Vies perdues. La modernité et ses exclus*, Paris, Payot, 2006, p. 42.

8. *Ibidem*, p. 43.

9. *Ibid.*

l'expulsion. C'est la raison pour laquelle nous ne pouvons pas seulement parler d'« inégalités », même pas d'« inégalités croissantes ». D'après Saskia Sassen, la logique de l'expulsion va au-delà de l'inégalité justement parce qu'elle brise tout sens d'une mesure habitable et pensable. Tu es là aujourd'hui, demain tu n'y es plus. Tu peux aujourd'hui payer ton loyer, tu n'y arrives plus le lendemain. Tu profites aujourd'hui d'un réseau affectif et social ; il s'est volatilisé le jour d'après. Les canaux pour l'expulsion adoptent des formes multiples et sont très sophistiqués : depuis les hauts et les bas de la spéculation et de l'économie financière jusqu'aux labyrinthes légaux des différentes administrations, ou encore les politiques d'austérité qui appauvrissent les ressources communes, etc. Mais tout conduit à un non-lieu, celui qu'on appelle, dans le monde matériel, la « déchetterie ».

Un monde-déchetterie est un monde marqué par l'échec des structures d'accueil :

> « S'il fallait résumer en une phrase ce qui est déterminant dans la crise globale du moment présent, nous pourrions affirmer qu'on se trouve pleinement immergé dans une situation de grandissante insignifiance des structures d'accueil[10]. »

Ce sont les mots de Lluís Duch dans son livre sur l'éducation et la modernité. Les structures d'accueil ne se réduisent pas aux institutions (la famille, l'école, les services sociaux, etc.). Elles concernent aussi les langages communs, les pratiques de transmission, le temps et les espaces partagés, les calendriers, les nouveaux rituels et les anciens. Ce que Duch appelle la « profonde archéologie de l'être humain[11] ». La crise des structures d'accueil est intérieure et extérieure. Dès lors qu'on habite une « culture du retrait, de la discontinuité et de l'oubli[12] », la résidualité n'est pas

---

10. Lluís Duch, *op. cit.*, p. 26.
11. *Ibidem*, p. 64.
12. Zygmunt Bauman., *op. cit.*, p. 151.

une condition objective mais une démolition subjective. Entre le potentiel, que nous devons découvrir et faire émerger, et la résidualité, que nous devons éviter à chaque pas, il n'y a pas de temps ni d'espace pour partager l'inquiétude de l'existence. La disproportion et l'étonnement deviennent de l'incertitude et l'inquiétude tourne à la crainte.

Des cartes pour l'accueil

Qui peut arriver et qui peut accueillir dans un régime de l'expulsion permanente ? Comment peut-on éduquer à l'art de l'hospitalité alors que les contextes partagés s'effacent ? Alors que le temps et l'espace pour la circulation s'imposent sur les contextes adaptés au vivre-ensemble, comment peut-on accueillir l'existence ? Et quel rôle peut y jouer l'école ? Si nous avons toujours disposé d'un lieu à nous, d'un corps normalisé, d'une langue, d'une identité et si nos attitudes n'ont pas subi de censure, nous pouvons avoir du mal à bien comprendre le sens premier de ces questions. C'est pour cela qu'il est toujours intéressant de se placer aux côtés et parmi ceux qui se situent à la lisière : entre plusieurs identités, sur une frontière, dans les marges sociales et à la limite du langage et des capacités normales. Situer nos réflexions sur nous-mêmes, là où se dessine chaque jour la ligne d'ombre entre le dedans et le dehors, entre la possibilité d'être ou de ne pas être.

Il ne s'agit pas de porter un regard romantique sur les extrêmes, mais de rendre extrêmes notre regard et notre compréhension. C'est la posture de l'honnêteté avec le réel dont parlait le théologien de la libération Jon Sobrino et que nous avons reprise dans *Un mundo común*[13] : le lieu

13. Marina Garcés, *Un mundo común*, Barcelone, Bellaterra, 2012, chap. X.

d'une vérité qui se dévoile seulement lorsque l'on prend le risque de regarder la réalité avec le point de vue de ceux qui pourraient s'en trouver exclus ou en être les plus directement lésés. Il s'agit de suivre la piste de ceux qui n'y sont pas ou qui pourraient ne pas y être. De ce qui est invisible ou non-représentable. C'est aussi le geste philosophique et littéraire, même théâtral, que produit Diderot quand il écrit ses lettres sur les sourds et sur les aveugles[14] pour questionner les bornes de ce que réellement nous voyons et ressentons dès lors que nous sommes en mesure de le faire.

Un pédagogue qui a fait de la lisière la condition pour une pédagogie de l'accueil est Fernand Deligny. Son parcours tâtonnant est toujours présent dans mes livres ; il y apparaît en permanence, comme un spectre, sous une forme ou sous une autre. Il y a même un de ses dessins, la représentation d'un escabeau hors sol et hors mur, en couverture d'un recueil de mes textes *Fora de classe*[15]. Deligny a toujours vécu et travaillé dans les marges : les marges des institutions, du langage, du confort matériel et des pratiques et disciplines éducatives, cliniques, artistiques et sociales. Ses « élèves » étaient, eux aussi, traversés par la marginalité : l'orphelinat et les déplacements de la guerre, la délinquance ou l'insignifiance sociale et le handicap, notamment l'autisme. Sa trajectoire personnelle et professionnelle nous permet de penser ce qui peut se passer en dehors des géographies éducatives stables, à l'heure où ce *dehors* ne renvoie pas seulement à un lieu extrême réservé aux minorités, mais de plus en plus à l'espace prévu pour la norme. Nous pouvons avec Deligny nous poser une question : comment faire pour disposer d'un lieu alors que nous manquons d'un lieu à nous ?

---

14. Denis Diderot, *Lettre sur les aveugles – Lettre sur les sourds et muets*, Paris, Flammarion, 2000.

15. Marina Garcés, *Fora de classe / Fuera de clase*, Barcelone, Arcàdia/Galaxia Gutenberg, 2016.

Peut-on imaginer concrètement des institutions et des formes de relation qui seraient capables de recevoir sans recruter, d'exister sans centraliser et d'ouvrir sans, dans le même mouvement, fermer ? Pouvons-nous être accueillants si nous sommes des vagabonds ? La réponse de Deligny à toutes ces questions consiste en une pratique constante du déplacement et du retrait. « Une trace de l'être et une construction de l'ombre », dit-il dans un de ses derniers livres. C'est une poétique et une politique. Un art et une manière de faire.

L'agir est justement le lien entre tout ce qui pourrait se perdre et se disperser, aussi bien entre les déchets du système qu'entre les pistes sans ombre sur lesquelles on circule en permanence. Agir n'est pas jouer, tracer n'est pas projeter, essayer n'est pas vouloir. Agir, tracer ou essayer renvoient, chez Deligny, à une activité sans intention consciente et vérifiable. Cela n'en fait pas quelque chose de naïf et de spontané. Il faut un environnement adapté, lui permettant de s'offrir, de s'exprimer et d'être vécu. L'éducation relève de cette pratique de l'accueil et de la construction d'environnements habitables. Deligny ne traduit jamais cette pratique sous la forme de prescriptions, avec des *il faut*, il déploie plutôt un ensemble ouvert d'infinitifs : *tracer*, *orner*, *ourdir*, *croire*...

D'entre tous les infinitifs que Deligny utilise pour déployer la poétique et la politique de cet agir, le plus important pour les éducateurs est le verbe *permettre*. Permettre n'est pas donner la permission. Il s'agit de leur « permettre d'avoir la sensation qu'ils y sont pour quelque chose dans ce qui se passe ; qu'ils ne sont pas seulement un reste ou ce qui reste sur la route...[16] ». Permettre est donc combattre la résidualité, la condition superflue à laquelle on assigne tant d'existences et à laquelle, potentiellement, nous nous trouvons toutes et tous exposés. Ne pas être superflu revient à pouvoir quelque chose. Pouvoir (en) être, c'est-à-dire, exister.

16. Fernand Deligny, *Œuvres*, Paris, L'Arachnéen, 2008, p. 707.

On n'a pas besoin de savoir ce qu'on veut. Il ne faut pas enchaîner des projets les uns après les autres. Il suffit d'un geste, d'une tentative, pour que de notre existence nous en fassions une trace. Cette trace ne sera alors plus un déchet :

> « Cette trace, prise comme un déchet, une survie qui s'atrophie, c'est ce que je considère une ébauche de ce que l'humain pourrait être[17]. »

L'éducateur ne le construit pas, selon le mythe de la construction, ni n'en gère non plus les processus d'apprentissage, selon le paradigme cognitif contemporain. Il est là. Les éducateurs, au pluriel, sont « cette étrange permanence d'être(s) là[18] » ; un nous constitué de présences à la fois proches et lointaines.

Deligny nous aide à penser une façon d'accueillir l'existence dans une permanence qui se fait proche sans pour autant devenir une forme d'imposition, qui permet sans donner de permission, qui fait et agit sans pour autant soumettre les apprentissages de vie à des attentes préexistantes. Tracer un environnement où l'on peut être sans chercher à créer de nouvelles centralités. Cette pédagogie est fondée sur la capacité d'accueil de ceux qui s'accompagnent mutuellement. Il ne s'agit pas de l'hospitalité du maître de maison, mais de celle portée par ceux dont la vie et les errances tracent des géographies où d'autres aussi peuvent apparaître. Puisque nous sommes tous des vies potentiellement gaspillées, des existences résiduelles et des esprits expulsés, nous devrions peut-être apprendre cet art de l'accompagnement. Un art pauvre et transitoire, pour un monde où la plus grande croissance est celle des déchetteries.

« Il était une fois des hommes et des pierres[19] », écrit Fernand Deligny pour présenter l'espace éducatif où il travaillait et il accueillait, au milieu de la nature, les vies erratiques de ses

17. *Ibidem*, p. 1 249.
18. *Ibid.*, p. 777.
19. *Ibid.*, p. 15 (« Ce gamin-là »).

élèves autistes. Qu'ils soient décalés les uns par rapport aux autres ne veut pas dire qu'ils soient condamnés à la liberté radicale qui nous oblige à devenir l'œuvre de nous-mêmes, seuls et à l'encontre de la liberté des autres. On peut aussi percevoir et expérimenter le décalage comme étant l'inquiétude commune à tous les êtres. Rien ne coïncide pleinement avec soi-même, ni se retrouve, de manière absolue, à sa bonne place. Nous pourrions même affirmer, à la lueur de la physique et de la biologie contemporaines, que la matière même est cette inquiétude. Éduquer, c'est élaborer des environnements physiques et culturels où l'on accueille et partage cette vie inquiète, ses limites et ses possibilités.

Au seuil de l'école

J'ai toujours eu mal au ventre au moment de franchir le seuil de l'école pour aller en cours. Toute ma vie. D'abord en tant qu'élève et aussi, plus tard, en tant qu'enseignante à l'université. Le cours, comme centre névralgique de la vie à l'école, est une invention qui fait violence aux rapports naturels entre les choses et les personnes. C'est pour cela d'ailleurs qu'il est aussi en mesure d'éveiller un désir tellement fort et insatiable. Je dois reconnaître, malgré mes maux de ventre, qu'il existe peu d'endroits où je me sente aussi vivante que la salle de cours. Dans la mesure où il interrompt la vie, il provoque un vide qui prend des formes multiples : des centaines de mondes à découvrir ou une salle de torture, un lieu pour l'admiration et l'amitié ou celui de la peur et de la violence, un espace et un temps pour le retour à soi ou un tronçon de vie insupportable, un temps perdu et mal vécu ou ce moment que l'on aurait voulu ne jamais voir prendre fin. Ces options ne relèvent pas d'un dilemme, elles ne relèvent pas non plus de différents modèles d'école. L'expérience scolaire de chaque personne contient sans doute une part de chacune d'entre elles dans des proportions et mesures différentes.

Comme la naissance, le début de l'expérience de l'école est imposé. Personne ne nous demande notre avis avant de naître et personne ne nous demande si nous souhaitons aller à l'école. L'obligation d'aller à l'école est une interférence : elle interrompt nos liens domestiques et ceux que nous avons établis avec notre cercle le plus intime, elle nous situe « en dehors ». Elle oblige l'enfant à exister (être dehors) socialement, en investissant l'espace et le temps réglés pour le bon déroulement des apprentissages les plus pertinents selon la société où il habite. Entrer à l'école, c'est sortir de la maison : c'est une contrainte à double face qui instaure une autre lisière à partir de laquelle nous nous situons dans le monde. Le marronnier télévisé de chaque rentrée est très parlant : on cherche à capter les larmes des plus petits, quittant leurs parents aux portes de l'école, ce seuil où la société s'institue et se redéfinit, d'une année à l'autre, cours après cours. Leurs larmes sont leur baptême.

Depuis sa mise en place, le concept d'*éducation obligatoire* transforme l'exercice d'un droit (à l'éducation) en l'exercice d'une obligation (à la scolarisation). On entend bien que la seule manière de faire en sorte que tous les enfants profitent du droit à l'éducation passe par obliger leurs familles à les scolariser, indépendamment de leurs possibilités économiques et de leurs valeurs religieuses, de genre, culturelles. Pourtant, comme toute idée socialement et historiquement construite, elle ne va pas de soi. De fait, la résistance à la scolarisation s'accroît aujourd'hui et opère depuis plusieurs fronts : au refus idéologique, il faut ajouter l'abandon scolaire grandissant des classes les moins favorisées, découragées par la trahison de la promesse d'un avenir meilleur, ainsi que la sécession opérée par les classes les plus aisées, dans une fuite vers des formes d'apprentissage à la mesure de leur succès potentiel. En outre, à partir de 2020, l'expérience presque mondiale du confinement et de la fermeture des écoles pendant des mois pour cause de covid-19 a mis une nouvelle pièce dans la machine. Les conditions sanitaires ont soulevé le besoin de poser la question suivante : comment retourne-t-on à l'école ? Dans tout *comment* se cachent des nombreux *pourquoi* pour lesquels nous n'avons pas encore des réponses. Comment retourne-t-on à l'école implique, au fond, de se demander : pourquoi retourne-t-on à l'école ?

On va à l'école pour apprendre. Telle est sa raison d'être, et une école où il n'y aurait pas d'apprentissage serait plutôt un parc pour enfants, un parking pour gosses ou pour jeunes au chômage, un centre social, un centre thérapeutique ou encore une prison. Il vaut donc mieux ne pas trop compliquer la réponse, parce que c'est là que les difficultés commencent. Qu'on aille à l'école pour apprendre ne veut pas dire que tous les apprentissages se produisent à l'école. L'école, comme le théâtre, a besoin de deux éléments essentiels. Si le théâtre dépend pour exister, même au milieu de nulle part, de la présence d'un acteur ou d'une actrice et d'un public, l'école existe là où se retrouvent un enseignant ou une enseignante et des élèves, que ce soit au milieu de la forêt, dans une salle clandestine ou dans un camp de concentration. À une époque où l'on défend et promeut les vertus de l'auto-apprentissage, cette affirmation peut paraître discutable, mais une école sans maîtres est un libre-service cognitif ou, dans le meilleur des cas, une communauté d'apprentissages. De la même manière, une école sans élèves est un échec économique ou un club académique. C'est la dernière tendance à l'université par exemple : isoler ses chercheurs les plus prestigieux dans des cercles de recherches privés d'élèves et pousser les autres, précaires, à une chasse à l'étudiant-client pour justifier de leur contrat.

Si l'école est ce lieu où, par la rencontre entre les maîtres et les élèves, nous nous rendons pour apprendre, l'école est aussi le lieu où entrent en dispute les différentes conceptions qui existent, au sein de chaque société, à propos de ce qu'il faut apprendre et comment. Les disputes pédagogiques relèvent de conflits entre mondes : entre groupes et classes sociales, entre des expériences culturelles, entre des genres, entre des idéologies, entre des intérêts économiques et entre des imaginaires du présent, du passé et du futur. L'école est, dès lors, une des institutions les plus anciennes de notre civilisation, mais elle fait partie aussi des plus exposées au changement, au conflit et à l'antagonisme social. C'est pour cela que sa tendance institutionnelle consiste à se refermer sur elle-même en renforçant son immobilité. C'est pour cela aussi que tout processus de changement radical implique la mise en place d'une action pédagogique franche.

Alors qu'on questionne aujourd'hui l'école sur plusieurs fronts et de manière de plus en plus radicale, la raison principale pour en prendre la défense est, à mon sens, la suivante : elle est le lieu où la société, dans son ensemble, peut prendre en charge la dispute autour du savoir, ses implications sociales et ses conséquences politiques. La dispute autour du savoir n'est pas une querelle théorique d'experts : il s'agit d'un conflit à vif qui concerne tous les pans de la société, ses manières de produire, de travailler, de vivre ensemble et d'imaginer. Il s'agit d'une dispute pratique, sensible et dangereuse, elle affecte de manière individuelle la trajectoire de vie de chaque enfant. L'école est, pour cette raison, une institution politique, et plus ce sera clair pour nous, moins elle sera soumise à l'instrumentalisation politique. Aller à l'école ne revient pas à acheter un produit ou bénéficier d'un service, c'est participer activement à cette dispute et pouvoir le faire en conditions d'égalité.

L'école n'est pas magique : elle ne produit pas de l'égalité par automatisme ni rend la démocratie meilleure par principe, elle ne rend pas non plus les enfants et les jeunes adultes forcément heureux. C'est plutôt le contraire : elle distingue, classe, hiérarchise et porte en elle la violence que sa propre société instille tous les jours dans les corps et les esprits des jeunes et des enfants. Afin que rien de cela ne se produise, il faut un investissement permanent, un travail à contre-courant et une alliance entre secteurs, collectifs et domaines de la société cherchant à ne pas déléguer à l'école toutes les tâches de l'éducation. Parler d'une « école d'apprenants » ne revient donc pas à invoquer une école sans maîtres, comme les plateformes d'éducation à la carte rêvent aujourd'hui de le faire. L'école des apprenants est une figure imaginaire qui doit nous permettre de penser les conflits et les alliances éducatives avec un certain point de vue : celui porté par la question de comment on veut être éduqués, dedans, dehors et à travers le système scolaire.

La maîtresse ignorée

Le meilleur angle d'attaque contre l'école passe par les enseignants. Le pouvoir, quelle que soit sa forme, l'a toujours su. Dans le cadre de la culture occidentale, la lignée de maîtres poursuivis a commencé par la condamnation à mort de Socrate, accusé de corrompre la jeunesse d'Athènes, et ne s'est toujours pas arrêtée. C'est aujourd'hui une tendance globale qui, logiquement, possède des différences et des traditions locales concrètes. Quoi qu'il en soit, attaquer les enseignants et les enseignantes est une activité empruntant plusieurs voies mais toujours d'actualité. Les voies classiques marchent toujours : la répression, la persécution idéologique, la censure et la délation. En ce XXIe siècle bien entamé les forces de la droite néo-conservatrice suscitent partout en Europe la peur d'être accusé d'endoctrinement. Et dans des pays comme le Mexique, par exemple, où l'éducation populaire a été très importante, ce n'est pas un hasard si la violence structurelle contemporaine, avec ses balles, ses menaces et ses disparitions, prend comme première cible les enseignants et ceux qui se destinent à l'être.

Par ailleurs, les pressions économiques n'échouent jamais et redoublent aujourd'hui intensité : nous sommes passés de l'image du « pauvre enseignant » ou de la « maîtresse vieille fille » comme formes de représentation dégradantes de l'existence sociale du professeur, à la mise sur pied d'une armée de maîtres et de professeurs précaires, broyés par une machine compétitivo-bureaucratique qui leur coupe le souffle et les oblige à s'adapter aux différentes requêtes institutionnelles et marchandes. Il ne s'agit pas seulement de rappeler le statut social du maître comme sujet de l'État, de l'église ou des classes dirigeantes, mais d'assujettir en permanence son activité à des mécanismes de fonctionnement qu'il ne peut que reproduire.

De concert avec ces mesures politiques et économiques, on développe aujourd'hui d'autres procédures plus sophistiquées, se fondant sur l'éveil d'un soupçon à l'égard des enseignants, quant à leur capacité à effectuer leur travail correctement. C'est une forme d'attaque insidieuse et difficile à combattre parce qu'elle prend racine dans la chair même des enseignants, lorsque le soupçon se tourne vers soi-même ou qu'il est porté sur les uns et les autres autour de soi. Lors de la dernière vague en date de cet assaut contre l'école, on a nourri le soupçon avec deux arguments majeurs : la caducité des enseignants en ce qui concerne l'usage pédagogique des technologies numériques et la faible utilité de leurs savoirs et de leur transmission. Ils n'ont plus rien à expliquer ; ils n'ont qu'à aider les élèves à apprendre par eux-mêmes à établir des liens avec une époque qui leur appartiendrait complètement. Il s'agit d'une double opération d'obsolescence programmée à laquelle est venue s'ajouter, pendant la pandémie, l'accusation d'incapacité et de lenteur quant aux réponses à la situation mise en place par le confinement et les protocoles sanitaires. Tous ces arguments se rejoignent dans une même attaque : « Vous ne servez plus à rien. » Ce n'est plus qu'ils seraient dangereux, mais que l'existence de nombreux enseignants est perçue de manière aussi résiduelle que celle des enfants et des jeunes qu'ils doivent occuper et contenir. Ensemble, tout le monde est hors-jeu.

La figure du maître ignorant autour de laquelle nous a invités à réfléchir le philosophe Jacques Rancière, il y a quelques décennies, a fini par prendre la forme de sa version la plus perverse : la figure d'une maîtresse ignorée, une typologie d'enseignante devenue assistante sociale pour les pauvres et coach pour les riches, au service de leur potentiel. La maîtresse ignorée n'a pas besoin de savoir transmettre un savoir quelconque parce que son rôle se réduit à la médiation et à la surveillance des élèves dans leur auto-apprentissage. Ayant neutralisé sa présence proche et légère, l'ayant vidée des savoirs à transmettre, cette figure peut suspendre son expérience singulière et unique du monde. Ainsi, la maîtresse n'est plus une maîtresse ; l'école n'est plus une école.

À partir de l'expérience historique du professeur Jacotot, parti en exil aux Pays-Bas depuis la France post-révolutionnaire, Rancière se demande si l'enseignement du maître se faisait par la transmission de ce qu'il savait ou bien au contraire en faisant en sorte que l'élève apprenne par lui-même ce qu'il ne savait pas. Il oppose ainsi ce qu'il appelle la « logique de l'explication », qu'il considère comme étant littéralement « accablante » à la « logique de l'émancipation », celle qui opère dans la deuxième option et dont a fait l'expérience directe un Jacotot obligé de devenir enseignant sans pouvoir parler la langue de ses étudiants et, de ce fait, sans pouvoir rien leur expliquer. C'était le maître ignorant[20]. Selon cette figure, le rôle de l'enseignant se réduit à puiser, avec l'élève, dans une volonté qui permettra que « l'intelligence se donne à voir d'elle-même[21] ».

Si l'enseignant refoule la possibilité d'expliquer ce qu'il sait en montrant ainsi ses limites, qu'est-ce qu'il nous reste ? Dans l'histoire de Jacotot, l'outil est un livre bilingue, *Télémaque*, dans lequel les élèves peuvent lire à la fois le français et le flamand. Il

20. Jacques Rancière, *Le Maître ignorant*, Paris, Fayard, 1987, p. 15.
21. *Ibidem*, p. 42.

nous reste donc l'outil de l'apprentissage, mis à nu, dépourvu de toute potentialité critique. La médiation comme évidence plutôt que comme problème à explorer. Même si le maître se tait, il y a toujours la transmission des codes, des référents et donc, des transferts partiels de l'expérience du monde. Aujourd'hui ces codes sont transmis par les logiciels et les algorithmes qui font l'interface entre les apprenants et leur apprentissage, entre chacun d'entre nous et le monde. *Télémaque* n'était pas neutre, tout comme les technologies numériques ne sont des portes ouvertes sur le monde. Il s'agit de relations possibles qui ont besoin d'autres relations pour nous montrer et nous expliquer leurs présupposés et leurs limites. L'invitation à la connaissance est exactement cela : partager ce que l'on sait, montrer ses propres limites et accompagner l'étonnement que peuvent alors ressentir les autres.

En octobre 2018, j'ai eu l'occasion de mener une conversation publique avec la philosophe indienne Gayatri Spivak dans le cadre de la *Biennal de Pensament*[22]. Elle est une des figures de proue de la pensée postcoloniale, connue pour ses lectures critiques de la philosophie et de la littérature contemporaines. Mais ce qui est moins connu, c'est qu'elle prend sur son salaire de professeure à Columbia, une des universités mondiales les plus importantes de la planète, pour créer un réseau d'écoles en Inde. Non seulement pour les financer mais aussi pour y participer aussi en tant qu'enseignante, quand elle le peut. La professeure célèbre est aussi une maîtresse ignorée. J'ai orienté la discussion vers cette expérience ; de quel besoin est-elle née et quelles sont ses limites ? Au lieu de dépenser du temps et de l'argent pour développer une pédagogie alternative à l'adresse des élites globales et postcoloniales, qui se vendrait à merveille avec son nom et son capital symbolique, Spivak fait usage de ses ressources pour aller vers la base, vers les ombres, les vies assignées d'entrée de jeu à

22. N.D.T. : Biennale des idées de Barcelone.

la résidualité. Cette assignation étant partagée par les élèves et enseignants.

Face à la culture de la réussite, des objectifs et des résultats, Spivak nous expliquait ceci : faire cours, quel que soit le niveau des étudiants auxquels on s'adresse, est une « cuisine de l'âme ». Cette cuisine n'est pas celle d'une philosophie pratique auto-complaisante. Bien au contraire : il s'agit d'une intervention toujours difficile. À Columbia il faut peut-être réapprendre à lire à des jeunes garçons et des jeunes filles qui croient déjà tout savoir mais qui n'ont jamais réellement lu. Malgré cela, leur route est déjà toute tracée. C'est quelque chose qui arrive de plus en plus souvent dans les universités, et surtout en master. Dans les villages les plus pauvres de l'Inde, il faut aussi apprendre à lire, mais l'objectif est différent :

> « Faire en sorte qu'ils rentrent dans le courant majoritaire de la société pour qu'ils possèdent la méthodologie nécessaire pour la saborder[23]. »

Mais comme Spivak le reconnaissait elle-même du haut de sa longue vie, le chemin des enseignants est semé d'échecs. Ce sont ces échecs seulement qui peuvent nous apporter la conscience des limites d'une héroïcité mais aussi la mesure de l'exigence à laquelle on doit faire face. Les maîtresses ignorées sont des activistes de l'imagination :

> « L'éducation est un fétiche, tous les jeunes veulent aujourd'hui devenir éducateurs [...] La première chose que je leur dis est celle-ci : tu dois d'abord apprendre ce que ton apport peut signifier pour autrui. Tu dois être capable d'étendre ton imagination vers ce que cela peut vouloir dire[24]. »

---

23. Gayatri Spivak et Marina Garcés, « L'educació del futur », conversation dans le cadre de la *Biennal del Pensament* de Barcelone, 16 octobre 2018, disponible en ligne sur : https://www.cccb.org/ca/multimedia/videos/gayatri-spivak-i-marina-garces/230094.

24. *Ibidem.*

Imaginer revient à se mettre soi-même en suspens afin de pouvoir tisser des liens avec ceux qui nous sont étrangers. Imaginer c'est faire advenir tout ce qui n'est pas encore et tous ceux qui ne sont pas encore venus. Imaginer c'est donc une condition pour accueillir l'existence dans tout son étonnement et dans toute sa disproportion. Mais Spivak nous a prévenus :

« Ne dis pas trop vite ton succès. Celui qui gagne, il perd[25]. »

25. *Ibid.*

Chapitre 4

À quatre mains

Avec Abel Castelló, fondateur et directeur de l'école MusicActiva

L'invitation

L'enseignement est une invitation. « Je me mets au piano et je t'invite à jouer cette musique avec moi. » Comme le maître-nageur dont parlait Gilles Deleuze, le véritable enseignant n'est pas celui qui dit « fais comme moi » mais plutôt « fais-le avec moi » : nage avec moi, joue avec moi, fais la cuisine avec moi, fais ce calcul avec moi. C'est ainsi que j'ai commencé le piano, assise à côté de mon professeur, Abel Castelló, en découvrant à quatre mains la créativité de la musique. J'ai retrouvé alors, adoptant la posture de l'élève, ce que je propose depuis longtemps en tant que professeure à mes étudiants de philosophie : qu'on aborde la philosophie comme une invitation à réfléchir ensemble. Ne pense pas comme moi, pense avec moi. La conversation qui suit est née, elle aussi, comme une invitation à penser à quatre mains notre expérience de l'enseignement et de l'apprentissage. Le même piano à queue en bois massif a été pendant deux ans le lieu où j'ai appris à déplier les doigts pour que mes mains s'expriment, mais aussi le lieu de discussions qui ont tissé une complicité faite de doutes et de rêves. Quelques-uns de ces rêves prennent la forme d'une école et nos doutes s'alourdissent dès lors que nous partageons l'inquiétude du temps qui passe et de ses interruptions.

« Pourquoi la musique ? Que nous apprend la musique ? » demande Abel avant d'enchaîner :

> « C'est un art très abstrait qui nous oblige à repenser le rapport entre la forme et le contenu, ce que l'on peut étendre à toute chose que l'on voudrait apprendre. »

La musique et la philosophie ont en commun deux qualités : l'abstraction et l'implication. L'abstraction parce qu'il s'agit de langages qui transpercent l'immédiateté de l'expérience et l'emmènent au-delà selon des canons communs. Dans le cas de la philosophie, ces canons comprennent les concepts et certaines figures logiques. Ils ne composent pas un système clos, mais un jeu ouvert nous offrant la possibilité de faire l'expérience du caractère inachevé de la pensée humaine. Avec eux, il est possible d'avancer et de reculer dans le temps historique, de nous faufiler dans l'intimité des pensées les plus sécrètes, et de plonger dans les abîmes de l'inimaginable, de la totalité, de l'absolu. On peut rencontrer des cultures, en identifier les limites et relier des vies qui ne se sont jamais retrouvées, en ce que, même sans le savoir, elles peuvent réussir à penser ensemble. Dans le cas de la musique, les canons sont des suites de notes, de rythmes et de silences. On peut les compter et les noter, mais ils peuvent s'agencer à l'infini et produisent des expériences imprévisibles et singulières. Au bout d'un an, faisant la découverte, la main toujours figée, des effets d'harmonisation entre cinq notes en do majeur, nous avons abordé les accords sur toute la largeur du clavier. Il me semble que je n'ai jamais eu une expérience aussi intense de l'immensité. Cette minuscule et abstraite relation entre les « tierces » permettait de parcourir le monde d'un bout à l'autre et faisait du clavier de ce piano une preuve artificielle, partielle et à la fois parfaite, de l'étendue de l'univers.

C'est pourquoi la musique et la philosophie, outre l'abstraction, partagent aussi l'implication. Elles transpercent l'immédiateté de la situation sans l'abandonner ni s'y dérober. Au contraire, elles permettent d'en avoir une expérience plus intense, plus élaborée et plus libre. Elles activent toutes les perceptions, physiques et mentales. On réfléchit avec l'ensemble de notre corps, de même qu'on joue et on écoute de la musique avec l'esprit tout entier. Et dès lors, ce corps pensant qui joue et qui écoute n'est plus seulement un corps individuel et fini, mais une relation qui se transforme et qui transforme le monde. Aussi bien la philosophie que la musique rendent présents l'espace et le temps du vécu, parce qu'elles nous permettent de penser et d'en percevoir ses contours et ses conditions sensibles et réflexives. Ils deviennent ainsi réels par une expérience qu'il faut nécessairement partager. Penser revient à inviter à penser, jouer c'est inviter à jouer et à écouter.

À partir de l'expérience de la musique et de la philosophie, en l'appliquant à toutes nos expériences, enseigner est une invitation à ne pas garder pour nous ce qui nous concerne réellement. Qui n'a pas vécu cette expérience qui consiste à s'empresser de courir vers quelqu'un pour lui montrer ce qu'on vient d'apprendre ? Rentrer de l'école et ressentir l'urgence d'expliquer à nos parents ce que nous avons appris ; rentrer chez nous pour montrer ce que l'on vient de voir dans la rue ; rentrer de voyage et montrer tout de suite les images de ces endroits que nous ne connaissions pas. C'est l'expression d'une nécessité qui rend impossible de garder pour soi son expérience... De fait, les maîtres ou les professeures ne font rien d'autre que cela : ils partagent ce qu'ils ont appris et qu'ils ne veulent pas garder pour eux. La différence c'est qu'ils le font de manière consciente et technique et non seulement à la suite d'une urgence imprévue dans leur vie.

Apprentissage et réinvention

« L'apprentissage réinvente le savoir. L'apprentissage est une action créative en soi. » On a beaucoup écrit sur l'énigme de l'apprentissage. La philosophie s'est intéressée dès ses débuts à cette question : comment peut-on apprendre ce que l'on ne sait pas ? Faut-il qu'on porte en nous d'emblée ce savoir, d'une manière ou d'une autre ? S'agit-il uniquement d'éveiller le souvenir, comme le disait Platon par la voix de Socrate dans certains de ses dialogues ? Ou plutôt de parvenir à trouver les idées innées, comme la théologie d'abord et la philosophie de l'esprit ensuite le penseront ? Ou bien s'agit-il seulement d'aller chercher les éléments qui, s'ils nous affectent, transformeront notre être ?

Pour le dire plus simplement, la question se réduit à savoir si l'apprentissage vient de l'intérieur ou de l'extérieur ; or le vrai problème n'est pas celui-là. Tout est sans doute partout, point barre. Ce qui pose question est l'acte d'apprendre, en soi : apprendre c'est quelque chose « qui doit nous arriver », que ce soit à partir d'éléments de l'extérieur ou de l'intérieur ; sans cette expérience, il n'y a pas d'apprentissage. Comment fait-on alors pour que cela arrive ? Cette question, qui est aux fondements de toute pédagogie, me fait penser à l'énigme du rire : on peut faire rire quelqu'un, mais on ne peut pas rire à sa place. L'humour, l'art du rire, est vieux comme la pédagogie. Mais il relève aussi d'un bond et d'un fossé : si l'autre ne rit pas, la blague n'est pas drôle. Si l'autre n'apprend pas, la leçon n'apprend rien.

Voilà pourquoi Abel Castelló insiste sur l'idée de réinvention ou de création :

> « Apprendre c'est inventer ou réinventer ce qui a été appris. Tout ce que tu arrives à faire correctement, devient une réinvention. »

Il ne s'agit pas pour autant de partir d'une simple spontanéité ou, encore moins, de surestimer l'originalité :

> « L'apprentissage est un processus actif qui part d'éléments constructifs permettant à l'élève de mieux en mieux recréer la chose apprise. »

Dans le domaine de la musique, « le professeur interprète et l'élève participe de cette création en ajoutant des éléments à partir d'une immersion qui débouche sur sa reproduction ».

Le chemin de l'invention commence, dès lors, avec l'immersion et « la première manière d'improviser c'est d'imiter. L'immersion dans le modèle est aussi une action créative ». Cela veut dire que « le modèle est nécessaire pour que l'élève puisse trouver son jeu. L'idée selon laquelle le modèle réduit la créativité est une mauvaise interprétation ». Abel m'explique que « le modèle n'est pas la forme, mais la forme et le sens, c'est l'exemple du processus dans son ensemble ».

Il me faut un point d'arrêt à ce moment de notre conversation. Je me souviens des nombreuses fois où j'ai refusé de fournir un modèle de travail, une réponse d'examen ou de commentaire de texte à mes étudiants. Je le regrette maintenant. Je pensais qu'ils ne cherchaient qu'à recopier la forme et, on est d'accord, Abel et moi, sur le fait qu'apprendre ne consiste pas à reproduire des formes. Dans le domaine de la musique, ce formalisme a imposé une pratique vide et en apparence virtuose du jeu. Dans le domaine de la philosophie, et des sciences humaines et sociales en général, ce même formalisme s'est traduit en une manière d'approcher les objets d'étude qui nous évite d'avoir à les comprendre et les penser, derrière une apparence technique et résolutive. Je retiens donc l'insistance d'Abel et cela me fait revoir ma posture à l'encontre des modèles : en fait, elle n'allait pas à l'encontre des modèles, mais de la forme en tant que seule étape d'un prétendu apprentissage. La maîtrise de la forme s'est emparée aujourd'hui du monde académique dans son ensemble. On l'apprend à l'école et on la perfectionne pendant les études supérieures. C'est pour cette raison qu'il faut être très iconoclaste, savoir briser les formes pour réussir à percevoir, dire et exprimer, les idées, les contenus, les problèmes et les concepts sur lesquels nous sommes en train de travailler. Il n'en est pas moins vrai cependant que dans la lutte contre le formalisme, on risque d'en venir à perdre le repère générateur du modèle, compris cette fois comme une relation active entre la forme, le contenu et le sens. Ce modèle n'est plus la forme qui seule s'impose comme recevable et comme un patron à suivre pour accéder à la reconnaissance, mais le critère partagé, l'exemple vécu, qui nous permet de dire : « joue avec moi », « réfléchissons-y ensemble ».

Pour y parvenir, il faut absolument que « le professeur adopte une posture créative, parce que c'est cela que l'élève apprendra, ce tout constitué d'un processus et du vécu ». Pour cette raison « le verbe *apprendre* est à double sens. Il est impossible d'enseigner si tu n'apprends pas aussi toi-même. Et ce n'est pas un lieu commun, c'est une question technique qu'on peut analyser et affiner ». Le modèle n'est donc pas une forme, quelle qu'elle soit, que l'élève doit reproduire, mais l'exemple que le professeur doit donner par la pratique d'un enseignement qui relève aussi de la réinvention. De ce fait, le formalisme n'est plus seulement l'abri derrière lequel l'élève se cache ; c'est aussi et surtout le bouclier du professeur devant la peur et l'exigence de devoir créer et réinventer ce qu'il enseigne, avec et devant ses étudiants.

Les capacités dont on ne dispose pas

« Si je ne déplie pas tes doigts, ta main ne joue pas toute seule. » Jusqu'où faut-il l'intervention du professeur pour que l'élève arrive tout seul, toute seule, à faire quelque chose ? La même question vaut pour l'ensemble des situations éducatives : jusqu'où doit-on mener et corriger la parole afin que l'étudiant puisse penser par lui-même ? Jusqu'où doit-on aimer, protéger et guider pour que les enfants puissent devenir eux-mêmes ? Si on va jusqu'au bout : jusqu'où faut-il contraindre l'autre pour qu'il arrive à être libre ? C'est la question sans réponse de la pédagogie moderne.

On peut forcer les doigts à se déplier ou indiquer le bon geste qu'ils n'arrivent pas à trouver. C'est peut-être le grand écart qui existe entre une éducation autoritaire et une éducation fondée sur la complicité. Il faudra montrer le geste de nombreuses fois, parce que les routines du repli persistent. Il y en a plusieurs sortes et elles intègrent notre corps et notre esprit. Comme la main sur le clavier, ces formes de repli se retranchent et se protègent. Dans une culture de la communication et de la transparence comme la nôtre, cela n'est pas facile à percevoir : on en vient à croire que nous sommes ouverts à tout. C'est pourquoi il est si enrichissant de se mettre dans des situations déroutantes, comme celle que j'ai vécue devant le piano, qui nous dévoilent l'ensemble de nos plis, de la position corporelle à l'inflexion de la voix, ou à ce geste encore plus inconscient, celui des doigts repliés sur eux-mêmes. C'est la même chose pour les mots et les idées, les imaginaires et les attentes. Ouverts à tout en apparence, nous habitons très loin de l'essentiel.

Il faut donc que quelqu'un puisse déplier tes doigts. Nietzsche aussi écrivait qu'il faut quelqu'un pour tirer sur tes cheveux et soulever ta tête immergée dans le courant. Lui parlait de l'effet produit par les textes de Schopenhauer, moi des leçons de piano, mais cette intervention décisive sur la manière dont on entre en lien avec le monde peut venir de là où on l'attend la moins et entraîne toujours des conséquences qui n'avaient pas été prévues.

Le discours pédagogique actuel se concentre beaucoup sur les notions de talent et de potentiel personnel. On considère l'école, les matériaux et les enseignants comme les ressources qui doivent permettre à chaque individu de développer au maximum ses talents et ses potentiels. Je fais part à Abel de mon sentiment selon lequel nous sommes en train de transformer l'éducation formatage en éducation extractive. La première façonnait l'individu de l'extérieur et lui imposait des canons de mise en valeur et de reconnaissance. Sous la bannière de l'égalité, elle condamnait les vies à l'homogénéité ou à l'exclusion (de ceux qui ne comptent pas ou qui ne peuvent pas être homologués aux standards culturels, de genre, etc.). L'éducation extractive, en revanche, se tourne vers la singularité de l'individu et elle y voit une ressource dont il faut tirer le meilleur rendement possible selon les atouts de chacun ; faire en sorte que chacun puisse trouver sa place et son rôle dans le processus général de l'apprentissage et de son système d'attentes.

Le discours sur l'éducation extractive se veut inclusif et respectueux de la diversité des intelligences, des émotions et des capacités d'autrui. Il s'agit cependant d'un regard plus proche de la prospection minière que d'une proposition pédagogique. Un regard d'exploitation et, par ailleurs, d'une profonde tristesse. Dire que l'apprentissage consiste à développer le talent qu'on possède déjà semble relever de l'ordre de l'évidence. Mais, qu'en est-il des talents qu'on ne possède pas ? Je pense que ce qui nous rend humains, si ce mot possède un sens, est notre capacité à générer, transmettre et partager des aptitudes dont nous ne disposions pas auparavant. Il s'agit du miracle le plus extraordinaire de l'apprentissage : il nous permet de profiter de ce que nous n'avons pas fait et que nous serions incapables de faire par nous-mêmes. Il éveille en nous des rapports inattendus, imprévus et même inappropriés avec ce qui nous entoure. Nous ne sommes pas des mines contenant des veines plus ou moins précieuses. Nous sommes des mutants, un ensemble de relations en transformation constante ; et rien ne nous transforme davantage que ce que nous apprenons des autres et avec les autres.

« Enseigner et apprendre revient à générer les capacités dont on ne dispose pas. » Portée de manière véhémente et joyeuse par un professeur de musique, cette affirmation est surprenante. S'il existe un domaine où il a été établi que peuvent devenir compétents ceux qui possèdent déjà du talent, c'est bien la musique. La musique et le sport. Il y a, c'est indéniable, des prédispositions et des facilités, dans le domaine de la musique. Peut-on en tirer comme conclusion que des personnes peuvent être inaptes à la musique ? Qu'est-ce qu'on en train de postuler quand on accepte une affirmation de la sorte et que l'on tire de ce fait un trait sur les possibilités de vie d'autant d'enfants au nom de leur incompétence ?

> « Pour éduquer il faut générer des capacités, pas seulement profiter de celles dont nous disposons déjà à l'origine. Par nature, les personnes foncent dans la vie à partir des ressources dont ils disposent déjà. L'éducation doit nous permettre d'en trouver d'autres et d'être plus équilibrés et plus complets. »

Il y a des éducateurs pour affirmer, de nos jours, que les enfants savent très bien ce qu'ils veulent et qu'il suffit de leur donner les outils pour le mener à bien. Quand je l'entends, je suis outrée. Moi-même, je ne sais toujours pas ce que je veux et tout ce que j'ai fait, de mieux ou de moins bien dans ma vie, a été la conséquence de rencontres heureuses.

Combien d'aptitudes auxquelles on ne saurait même pas songer pourraient naître de cet être inachevé que nous sommes ? Combien de vies pour faire une vie ? Pourquoi ne désire-t-on pas davantage ce qui nous semble le plus compliqué à atteindre ? Et si nous découvrions que nous ne sommes pas ce que nous pensons être mais que nous pouvons parvenir à apprendre et à être définis par ce qui nous est le plus étranger ? La culture n'est pas une opération de diagnostic et de reconnaissance, c'est devenir étranger à soi-même. Face au talent potentiel, qui est fondé sur l'efficacité et le profit, la puissance du décentrement est une condition politique. Le philosophe Jacques Rancière l'a très bien expliqué dans ses livres et ses articles. Le moment de l'émancipation est celui où plusieurs individus, ou groupes d'individus, s'octroient ou s'approprient les capacités dont on les avait privés.

Toute la culture est un évitement

« Toute la culture est un évitement. » L'exclamation interrompt soudain notre conversation sur les logiques et les objets de l'éducation. On rigole. C'est Abel, surpris de lui-même, qui l'a prononcée. Il réaffirme tout de même aussitôt :

> « On s'invente en permanence des excuses pour atteindre des niveaux de complexité qu'on ne sait plus désamorcer après. L'éducation nous offre la possibilité de tout recommencer. »

On peut entendre les corps des élèves de musique produire ces excuses en cherchant le chemin le plus simple pour reproduire une pièce sans avoir à la jouer. Et aussi ceux des enseignants, lorsqu'ils dissimulent derrière leur virtuosité un manque d'investissement. « On ressent la crainte du savoir. Nous n'avons pas bien appris à penser. Le rôle du savoir n'est pas clair et il en découle un conflit et une énorme confusion. » Un des débats les plus confus de notre époque concerne la tension entre l'apprentissage et le savoir. On les oppose comme si l'un pouvait exclure l'autre et on fait planer le soupçon sur le savoir. Les tendances éducatives contemporaines se sont tournées vers un apprentissage vidé de son savoir, apprendre n'est pas chercher à savoir quelque chose, mais relève plutôt de la gestion d'un état permanent d'apprentissage. Et le maître, dans sa pratique de l'enseignement, n'a pas besoin de savoir mais d'accompagner les processus d'apprentissage de ses élèves. À quoi bon savoir quelque chose dès lors qu'on peut tout trouver sur Internet ? Même ceux qui sont censés savoir des choses ne cessent de répéter cette banale question rhétorique. Si le savoir n'était qu'une suite d'unités d'information, on pourrait même accepter qu'on se contente de le rendre disponible. Mais le savoir est une expérience vécue en lien avec certains contenus, leur forme et leur sens, et cette expérience vécue nous transforme. Être en mesure de dire, à propos de quelque chose, « je le sais » ne signifie pas qu'on a accédé à une information, mais que nous avons intégré cette expérience vécue et que nous avons su l'inscrire dans son propre contexte de sens. « Le savoir possède une nature fonctionnelle qu'on ne peut pas nier. J'ai du mal à imaginer le savoir en lui-même, même si ça sonne bien. Le savoir sert à interagir avec un entourage de manière favorable. C'est ainsi qu'on devient redevable de ses conséquences et qu'on peut porter un jugement positif sur ses résultats. Sans cette dimension pratique, j'ai du mal à y comprendre quelque chose. »

C'est pour cette raison que le savoir, le fait de savoir des choses, nous confère à la fois une responsabilité et des capacités. Sa dimension pratique n'est pas seulement instrumentale.

> « Non ! c'est sa dimension essentielle. L'impact et les conséquences du savoir sont une part essentielle de sa nature. Dans le cadre de la musique, il s'agit de récréer des sens pour nous permettre de trouver son propre sens et de le partager avec les autres. »

Chaque savoir doit trouver son rapport à la vie de manière concrète. « Vivre nous fait peur et nous pèse. » Le savoir, quand il est concret et positif, est ce qui nous permet, justement, de transpercer les peurs et les paresses qui nous éloignent de la vie. D'où l'importance de l'éducation :

> « Éduquer revient à tout faire pour participer de l'apprentissage de l'autre. Et le but de l'apprentissage est d'atteindre un savoir dont les effets seront positifs. »

Cela veut dire qu'on arrive à le vivre. Les institutions de la connaissance ont très souvent produit des contextes dans lesquels ces expériences se trouvent isolées et privées de la possibilité d'entrer en contact les unes avec les autres. Elles neutralisent, dans un espace et un temps qui leur est propre, les effets de chaque étape et de chaque forme de savoir. C'est ce qui se passe avec le découpage du temps scolaire en tranches d'âge et en rôles bien définis, et c'est ce qui se passe, sous une forme presque parodique, dans le domaine académique et universitaire, où rien n'entre en contact avec rien en dehors d'un entourage autoréférentiel de reproduction et de légitimation. La conséquence de cette forme d'institutionnalisation est qu'on peut empiler des montagnes de connaissances sans parvenir pour autant à en faire une source de savoir.

La situation est flagrante dans le domaine de la musique. Alors qu'il s'agit d'une des formes artistiques les plus directes et peut-être même la plus présente dans la vie des gens, elle est d'une part méprisée et maltraitée dans le cadre du système scolaire par manque d'une vraie éducation musicale, et d'autre part empêtrée dans un système d'écoles de musique focalisées sur la difficulté, le talent naturel, la souffrance personnelle et la virtuosité. Avec Abel, nous avons partagé dès le début l'angoisse que suscitent en nous ces logiques autoréférentielles et de ségrégation à l'œuvre dans les différentes formes d'enseignements et le désir d'intervenir pour les renverser. Dans son cas, par la création d'une école répondant à la conviction qu'on peut apprendre la musique avec rigueur à toute personne souhaitant en faire une expérience créative. Dans mon cas, par l'exigence de rapprocher les outils de la pensée philosophique de toute personne étant disposée à problématiser les représentations admises de la réalité.

Il s'agit, au fond, de briser les dynamiques culturelles de l'évitement, comme le dirait Abel. Et cela veut dire, en substance, une chose : aller à l'essentiel de chaque situation. *Essentiel* est un mot qui fait peur parce qu'il donne l'impression de nous condamner à l'essentialisme, à devoir accepter que certaines choses sont comme elles sont, un point c'est tout, à ce qu'il y ait des substances et des identités éternelles. Mais *essentiel* renvoie aussi à ce qui est élémentaire, ou à ce qu'il y a de basique dans chaque chose, relation ou possibilité. Assumer qu'on peut aller jusqu'au plus basique de chaque apprentissage est la clef pour une éducation qui ne soit pas dans la protection ni dans l'évitement :

« Si ça marche pour la musique, qui est d'un niveau extrême de complexité, on peut l'appliquer à toute forme d'apprentissage. Jusqu'où ça deviendra subversif ou révolutionnaire dans une société qui consacre son énergie à se prémunir de ses fantômes ? On doit faire preuve de beaucoup de précautions et de stratégies pour mener à bien une révolution pédagogique parce que le monde est sur la défensive et sa réaction très dangereuse. Le monde ressemble à un animal blessé. »

L'école : là où l'on peut tout recommencer

L'école peut devenir un lieu pour tout recommencer dans un monde qui ne s'arrête plus. « L'histoire de l'école est liée à la nécessité de se frayer un chemin pour apprendre. Si l'on avait trouvé une forme plus agréable d'apprendre, on n'aurait pas eu besoin d'école. » L'éducation ne relève pas d'un quelconque apprentissage spontané ou intuitif, elle implique au contraire une action consciente, des critères, des pratiques, une technique et, pour relier l'ensemble, la création d'un environnement. Les environnements éducatifs relèvent de formes très diverses et on peut d'ailleurs en imaginer beaucoup plus qu'il n'en existe aujourd'hui. Il y en a aussi qu'on ne voit pas et qu'on ne reconnaît pas. Fort de son expérience d'avoir créé et mené une école pendant vingt ans, je demande à Abel quels sont les éléments essentiels, ou basiques, qu'une école, selon lui, doit rassembler :

« À mon sens, pour nous prédisposer à un bon apprentissage, un environnement doit rassembler, au moins, certaines qualités de base : 1) qu'on soit en mesure de ressentir et de vivre avec l'intensité requise, c'est-à-dire, que l'école permette un investissement sans craintes, 2) qu'on soit en mesure de partager, 3) la générosité, 4) la modestie... c'est-à-dire, tout ce qui nous libère de nos propres défenses. »

Je suis particulièrement surprise par la notion de générosité. La générosité ? C'est peut-être que je me mets moi-même sur la défensive. La générosité de qui ? « On doit partir du principe que tout le monde possède une part de bien et qu'il est possible techniquement de faire en sorte que cette part jaillisse et s'épanouisse par l'usage des qualités créatives. » La générosité n'est pas le talent. C'est la possibilité de relier ce que l'on peut faire et ce que l'on sait à ses conséquences positives. « Dès lors que tu vis une expérience positive tu n'es plus un salaud. » Je retiens mon rire. Je ne sais pas comment on fait pour ne plus l'être. Ou bien l'histoire de l'éducation est si négative que l'humanité s'est fait un stock de méchanceté pour plusieurs siècles. Mais Abel n'en démord pas. Il m'explique comment, à la fin d'une audition d'élèves, une mère lui a dit :

> « Quand on sort d'ici, on a l'impression que tout le monde est bienveillant. »

C'est étrange. J'ai ressenti la même chose à l'école maternelle de mes enfants. Malgré les différences entre une petite école de musique et l'école publique, le sentiment reste le même : certains environnements prédisposent à percevoir la bienveillance comme élément fondamental des rapports qui s'y instaurent. C'est une sensation assez peu présente, en revanche, à l'université. On y ressent rarement de la bienveillance. C'est pourtant aussi un environnement éducatif. Ou peut-être que le problème vient du fait qu'il ne l'est pas complètement et que l'université se pense de moins en moins sous le prisme de l'éducation. C'est, en somme, ce que les différentes réformes gouvernementales sont venues confirmer, lorsqu'elles délèguent la gestion des universités à différents départements, conseils régionaux ou ministères, tout sauf l'éducation. Les conséquences sont visibles dans le faible poids conféré à l'enseignement dans les formations académiques les plus prestigieuses.

Comment l'éducation peut-elle se rapprocher d'une pratique quelconque de générosité ? Il me semble que ce n'est pas une affaire de vertus morales. Les personnes qui se consacrent à l'éducation ne sont ni meilleures ni pire que les autres. De la même manière, les personnes les plus éduquées ne sont pas forcément meilleures ou moins bien du point de vue moral. C'est une évidence. L'argument d'Abel consiste à dire que cela concerne le rapport qu'on établit entre savoir et pouvoir :

> « Lorsqu'on est capable d'exercer un pouvoir sur soi-même, on ne passe pas son temps à l'exercer sur les autres. C'est une question d'usage du savoir. »

Il ne s'agit donc pas de morale, mais d'émancipation. Avoir l'expérience directe et partagée d'être en mesure de bien faire soi-même certaines choses nous offre une expérience du pouvoir très différente de celle de la domination. Il s'agit du pouvoir de l'autonomie, dont on fait alors l'expérience concrète, que ce soit au moyen d'une œuvre de musique, d'un problème mathématique ou d'une rédaction.

L'autonomie de soi implique la liberté d'autrui. C'est une affirmation très différente de celle du libéralisme formel selon lequel ma liberté termine là où commence celle de l'autre. Du point de vue de l'autonomie concrète, les libertés ne sont pas juxtaposées, elles se croisent et s'engrènent, elles ont besoin les unes des autres. Il s'agit d'une autonomie réciproque. « J'utilise toutes mes ressources pour que tu puisses être chaque jour un peu plus autonome dans la recréation de la musique. En tant que professeur, ce que tu veux c'est voir l'élève dépasser le modèle que tu lui as appris. » Éduquer revient à vouloir la liberté de l'autre, la liberté comme expression de certains critères et de certaines capacités. D'où cette perception d'une étrange générosité : éduquer revient, par l'investissement du professeur, à souhaiter du bien à l'élève pour le libérer de ses propres réticences et de la peur de vivre.

L'éducation, aussi bien par les parents que par les enseignants, démarre de plus en plus avec une invitation permanente au choix :

les parents demandent à leurs enfants, à peine capables de parler, ce qu'ils veulent faire pour le week-end ; les enseignants accompagnent des projets qui ne consistent, finalement, qu'en un choix thématique arbitraire. « Qu'est-ce que tu veux ? », voilà la question centrale de cette lâcheté éducative qui déguise en liberté de choix ce qui est une déresponsabilisation. Cette invitation au choix est justement l'envers de l'invitation à apprendre. Face au « qu'est-ce que tu veux ? » de la société de marché, adressé en permanence au sujet, livré dès lors à sa fragile et arbitraire individualité, nous opposons le « fais-le avec moi » qui ouvrait cette conversation. Joue avec moi, pense avec moi, dessine avec moi... C'est le geste minimal, essentiel, élémentaire, de l'éducation. C'est l'expression d'un engagement qui redéfinit le temps et l'espace du vécu autour de la possibilité de son partage et de sa transformation. C'est le geste minimal qui nous permet de déplier les doigts... Le geste minimal autour duquel s'organise un système en apparence très compliqué comme celui de l'école. Le geste minimal qui rend une vie possible.

Chapitre 5

Élaborer la conscience

Un jeune mineur se prend la tête : « Nous n'avons pas de cerveau. » On a flouté son visage et il s'adresse à la caméra depuis un centre de détention pour mineurs d'une île du sud de l'Italie[1]. Ce garçon a grandi, comme ses camarades, entouré de drogues, de pauvreté et de réseaux mafieux. L'État déploie un mélange d'action pénitentiaire et éducative à son égard pour le remettre sur le droit chemin. Mais les paroles de ce garçon ciblent le point faible de cette opération : eux, ils n'ont pas de cerveau. C'est-à-dire que les dommages d'une vie ont déjà atteint cet endroit même qui fait l'objet de toutes les promesses et attentes du système actuel : le cerveau. Il se prend la tête parce qu'il parle du cerveau physique, organique, touché par une enfance dégradée. Mais il a parfaitement compris que le cerveau n'est pas simplement un organe du corps. C'est un potentiel qui, dans son cas, se retrouve déjà hors-jeu. C'est quelqu'un qui est au fait d'être un déchet qui parle. Une vie gaspillée consciente d'elle-même.

À l'opposé de ce témoignage, le marketing cognitif, avec ses propositions pour entraîner, programmer et améliorer les capacités de ce même cerveau, envahit les réseaux, les écoles et les universités. « J'ai décidé de recoder mon cerveau. » Voilà le point de départ de Barbara Oakley, autrice d'un des cours les plus vus

---

1. Témoignage issu d'un documentaire de Raphaël Tresanini et Nicolas Dumond, *Baby mafia : le nouveau visage de la mafia italienne*, 2019.

de l'histoire de la plateforme de MOOC, Coursera. Elle en a fait des versions sous forme de TED talks et de livres. Dans ses livres et dans ses cours, elle déroule son témoignage personnel d'effort et de réussite, d'abord une enfance privée d'accès à une bonne éducation, puis son passage par l'armée et enfin la formation de plus haut niveau en sciences et en technologies, selon un changement des schémas d'apprentissage. C'est une histoire individuelle fondée sur le développement de techniques d'apprentissage que tout individu serait en mesure d'adopter, dans n'importe quel contexte, indépendamment des facteurs sociaux, culturels ou de contenu. Il s'agit de modifier ses comportements et de recoder ainsi le cerveau. Barbara Oakley n'est pas un exemple isolé. C'est une voix populaire, parmi d'autres, de cette énorme vague académique et médiatique portée par les sciences de l'apprentissage et ses ramifications dans la psychologie, la pédagogie, les neurosciences et la technologie. Des cerveaux organiques ou en silice, neuronaux ou algorithmiques font aujourd'hui l'objet d'un nouveau fantasme humain, post-humain et transhumain concernant un potentiel à venir. Que cela comporte une part de fantasme n'empêche pas une réelle volonté de pouvoir. Il suffit pour s'en convaincre de suivre la trace des investissements économiques qui leur sont consacrés.

Guerre des cerveaux

La question est la suivante : lequel des deux est mieux armé pour penser par soi-même, le garçon flouté qui vit dans un centre d'enfermement sur une île au sud de l'Italie ou bien celle qui recode les cerveaux ? Cette question pourrait ouvrir un débat dépassant les possibilités de la page écrite mais je l'ouvre tout de même pour que les lecteurs s'en emparent. J'avance aussi ma posture, que j'argumenterai progressivement tout au long de ce chapitre. Pour moi, il est évident que celui qui pense par lui-même est le garçon capable d'affirmer « nous n'avons pas de cerveau ». Il ne se cantonne pas à un compte de résultats. Il n'a pas pour lui la légitimité de la réussite, comme Barbara Oakley ou tant d'autres. Il est parfaitement conscient des messages que lui envoient les systèmes institutionnel, pénal ou éducatif. On ne peut pas être plus lucide devant sa propre existence. Son constat, presque légiste, établit une limite à partir de laquelle tout doit être repensé : que peut-on faire lorsqu'on nous a détruit le cerveau ?

Dans ce livre, nous avons défini l'émancipation comme cette capacité à penser par soi-même en relation avec les autres. C'est en ce sens qu'on pourrait considérer que c'est lui, malgré les dommages subis et la réclusion, qui est le plus émancipé. Qu'on voie dans ce jeune au visage flouté un homme émancipé peut relever de l'ordre de l'absurde. C'est un perdant dès la case départ. Nietzsche, dans la *Généalogie de la morale* affirme que l'humain à la libre volonté, celui qui pense avoir atteint le pouvoir sur son propre destin, est celui qui, par l'intériorisation de la norme, pense être le seigneur de sa conscience. Bien entendu, cette souveraineté est une illusion construite sur beaucoup de douleur. La camisole de force de l'âme agit tout autant sur les gagnants que sur les perdants de ce projet de civilisation qui confond autonomie et maîtrise. De nos jours, cette dangereuse confusion prend la forme d'un plan d'action pétri de promesses de perfectionnement du cerveau en termes cognitifs et émotionnels, suivant le principe d'autorégulation et de réinvention. La conscience c'est autre chose. Penser par soi-même n'a pas de rapport avec son propre destin, ni même avec son projet personnel ou de vie. Il s'agit de pouvoir élaborer une conscience du monde à partir de son existence, quels que soient les points de départ et d'arrivée.

Les neuroscientifiques affirment que la conscience est la dernière frontière de la science, le mystère que les grandes avancées des neurosciences des dernières décennies du XXe siècle n'ont pas encore réussi à percer. C'est peut-être qu'ils sont encore nombreux à toujours adopter un regard d'explorateurs et de scrutateurs de l'univers, cherchant cette vérité ultime et sa cachette. Mais ce Graal neurologique n'est rien d'autre que l'effet incertain qui fait émerger quelqu'un. C'est-à-dire, un soi-même qui est en mesure de dire « je », qui peut se regarder en face et ressentir de la honte, qui peut apprendre, mieux ou moins bien, à vivre avec les autres. Si exister c'est « être en dehors », la conscience est un pli, un ensemble ouvert de sensations, perceptions et relations, qui se replie et qui peut rendre compte du monde et de soi-même.

On en sait tous les jours un peu plus à propos du fonctionnement du cerveau comme organe. La dernière décennie du XXe siècle a été appelée la « décennie du cerveau ». C'est ce qu'ont proclamé des politiques, des scientifiques et des institutions nationales et internationales. Concrètement, le 17 juillet 1990, c'est Georges Bush, le président des États-Unis en exercice, qui l'a fait publiquement. La décennie du cerveau s'est cependant avérée trop courte et est devenue le siècle du cerveau ; on pense que le cerveau est la *terra incognita* où la science, ainsi que les projets technologiques et politiques de notre futur le plus proche, découvriront des nouveaux territoires et construiront leurs nouveaux domaines. La neuroscience est en train de devenir la matrice invisible des autres sciences et pratiques sociales, des sciences les plus spéculatives jusqu'aux domaines pratiques comme l'innovation technologique ou le marketing. Bien entendu, la pédagogie occupe une place centrale dans cette approche neuroscientifique puisque la neuroscience tend à devenir un paradigme permettant de tout expliquer. Reviennent ici encore la tentation totalisatrice et la prolifération des mythes qui construisent nos visions du monde. C'est pourquoi la frontière entre neurosciences (le pluriel est plus précis) et le neurocentrisme, compris comme l'idéologie qui explique tout selon un prétendu fondement neuronal, est très tenue. Et la tentation du neurocentrisme est très grande, parce que les neurosciences semblent pouvoir nous offrir ce dont, justement, nous manquons dans notre expérience contemporaine du monde : des évidences et de l'autorité. Des évidences et de l'autorité scientifiques qui deviennent des évidences et de l'autorité politiques si on ne les aborde pas avec un regard critique.

Plasticité et flexibilité

Nous sommes notre cerveau : voilà le présupposé essentiel des neurosciences contemporaines. Le cerveau est un organe dont la plasticité est la principale caractéristique, ajoutent-elles. *Cerveau* et *plasticité* sont les deux mots-clés de ce nouveau paradigme. Ainsi énoncée, cette proposition peut apparaître comme une affirmation transparente, presque une évidence. Mais qu'est-ce que mon cerveau ? Et à qui appartient-il ? Comment le définit-on et comment peut-on le délimiter ? Où commence-t-il et ou se termine-t-il ? Nous pourrions peut-être dire, pour reprendre le vieux dogme libéral, que mon cerveau termine là où commence celui d'autrui. Ou plus exactement : là où il entre en compétition avec celui d'autrui.

Ce n'est pas seulement que la décennie du cerveau a étendu la connaissance que nous avons de l'organe cérébral, mais c'est qu'elle a mis les cerveaux en guerre les uns contre les autres. Dans la décennie du cerveau, les cerveaux humains et leurs extensions non humaines sont entrés en guerre : les uns contre les autres, contre les machines, et les projets de recherches entre eux, dressant aujourd'hui toute une géopolitique de la science et du pouvoir. Les langages militaire et sportif, qui ont toujours été perméables, ont colonisé les neuro-territoires. Les compétions d'échecs entre humains et machines, par exemple, sont une des mises en scène les plus innocentes de cette guerre qui se produit, de manière quotidienne, entre nous, les uns contre les autres. L'entraînement, le rendement, l'efficacité, la frontière, le dépassement, la puissance... Ce sont les paramètres d'une approche de l'intelligence qui se mesure selon ses objectifs et ses résultats. *Objectifs* et *résultats* : encore deux termes qui organisent, aujourd'hui aussi, toute la pratique pédagogique. Atteints ou pas atteints ? Les punaises plantées sur les cartes militaires sont les petites lumières de la carte neuronale. Et comme dans toute guerre, militaire ou sportive, la guerre des cerveaux dispose aussi de ses élites, de ses gagnants et de ses damnés. « Nous n'avons pas de cerveau. »

La guerre des cerveaux poursuit principalement deux objectifs : augmenter l'intelligence et retenir l'attention. C'est une guerre où l'intelligence est la puissance et l'attention est la ressource. On mesure l'association des deux selon des indices d'efficacité et de rendement. Les paramètres de ce terrain de jeu deviennent parfaitement visibles dans les démarches proposées par un pan majeur des sciences de l'éducation. Cette idéologie neurocentrée amène à comprendre l'intelligence comme la capacité à résoudre des problèmes dans un environnement changeant. Résoudre des problèmes convenablement revient à s'adapter avec succès, de manière efficace et même créative, aux requêtes de notre entourage. Avec cette conception de l'intelligence, tout apprentissage prend dès lors un sens d'adaptation, de solution et d'optimisation. Son objectif étant, en dernière instance, de maîtriser au maximum l'incertitude. L'attention est comprise, de la même manière, comme une ressource rare qu'il faut exploiter, élargir et saisir jusqu'à la dernière goutte. Avec cette approche économique et extractive de l'activité mentale, l'attention représente une limite pour les fantasmes de super intelligence. L'ambition d'augmenter de manière indéfinie l'efficacité résolutive des processus intelligents se heurte au facteur humain : nous avons encore une capacité limitée à l'attention, aussi bien en termes de qualité que de quantité. Dans la guerre des cerveaux, *je suis mon cerveau* veut implicitement dire que « je suis ce que mon cerveau peut et veut ». Si Spinoza a rendu célèbre l'expression « nous ne savons pas ce que peut un corps », une grande partie des efforts des neurosciences et de ses dérivés, comme le neuromarketing, porte sur la possibilité de savoir ce que peut chaque cerveau et jusqu'où on peut repousser les limites de l'intelligence (humaine et non-humaine) et de l'attention. Avec cette métrique neuronale et computationnelle, l'atout majeur du cerveau, sa plasticité, se retrouve soumis à un seul critère de valeur : jusqu'où peut-on l'élargir ?

Comme l'analyse la philosophe Catherine Malabou, la plasticité du cerveau se trouve ainsi réduite à sa flexibilité, concept central du capitalisme néolibéral :

« La flexibilité est l'avatar idéologique de la plasticité[2]. »

Alors qu'on définit la flexibilité seulement selon sa capacité à adopter une forme, la plasticité comprend aussi celle de créer, modifier et même détruire toute forme acquise. C'est la raison, affirme Malabou, pour laquelle toute approche du cerveau est nécessairement politique. Elle ne se définit plus selon la question « que peut mon cerveau ? » mais, comme elle l'écrit dans le titre d'un de ses livres, « que devons-nous faire de nos cerveaux ? ». Dans cette perspective, nous ne sommes pas seulement ce que notre cerveau peut et vaut, mais aussi ce avec quoi notre cerveau est en rapport. Au-delà de la flexibilité, la plasticité est à la fois relation créative et possibilité de destruction.

La guerre des cerveaux est une guerre commerciale, technologique et sociale focalisée sur la conquête d'une terre finie et chaque jour plus violentée. Nous la vivons au quotidien et dans tous les domaines de la vie, de nuit comme de jour. Nous en

---

2. Catherine Malabou, *Que faire de notre cerveau ?*, Paris, Bayard, 2011, p. 12.

ressentons aussi les dégâts, qui se traduisent par cette sensation qu'il est de plus en plus difficile de prêter attention à quelque chose ou à quelqu'un. Les enseignants le savent bien, mais ce n'est pas exclusif à la pratique éducative. Cela s'infiltre et colonise jour après jour toute forme d'interaction. Nous pourrions affirmer, sans en faire seulement une métaphore, que le capitalisme cognitif se consacre au *fracking* de l'attention : il extrait de nos cerveaux jusqu'à la dernière goutte d'attention disponible, au risque de les presser, les intoxiquer et les rendre malades. En ce sens, la guerre des cerveaux est aussi une guerre contre le cerveau.

Le pli

L'œuvre du philosophe Denis Diderot est une succession de scènes. Dans l'une d'elles on y voit son ami d'Alembert en train de délirer, à moitié fiévreux, aux côtés de son sa bonne amie, Mademoiselle de Lespinasse, et du docteur Bordeu, qui prend soin du patient. Libéré du poids de la responsabilité par les effets du délire, d'Alembert leur explique les principales thèses du matérialisme le plus scandaleux de l'époque, ce qui entraîne une discussion très drôle à trois voix. D'Alembert explique :

> « Laissez là vos essences. Voyez la masse générale, ou si pour l'embrasser vous avez l'imagination trop étroite, voyez votre première origine et votre fin dernière [...]. Qu'est-ce qu'un être ?... La somme d'un certain nombre de tendances[3]. »

Dans la loi de continuité de la masse vivante et sensible de la matière « l'homme n'est qu'un effet commun » qui souffre du sophisme de l'éphémère, celui de « l'être passager qui croit en l'immutabilité des choses »[4], et de soi-même tout particulièrement.

---

3. Denis Diderot, *Le Rêve de d'Alembert*, Paris, Champion Électronique, [1769] 2000, p. 67.
4. *Ibidem*, p. 57.

À partir de cette approche, les trois interlocuteurs démarrent une conversation sur le moi et la conscience. Si toute forme de nature n'est que l'effet transitoire de la matière, un ensemble de tendances et de degrés de sensibilité, comment puis-je savoir ce que je suis ? « Pourquoi suis-je cela ? » demande d'Alembert, et « comment suis-je resté moi pour les autres et pour moi ? »[5].

Cette scène parodique du scientifique en train de s'agiter dans son lit, sous un regard médical et un regard érotique, soulève nombre des questions auxquelles se heurte toujours la science contemporaine. Soit on affirme le dualisme (la conscience ou l'esprit sont autre chose que de la matière) soit on assume que le fait d'être soi-même ne relève pas de l'assignation à une place précise. Le moi n'est qu'une relation. « En fait, demande Mademoiselle de Lespinasse, pourquoi je ne pense pas partout ? ». Et le docteur Bordeu lui répond : « C'est que la conscience n'est qu'en un endroit[6]. » Reliée aux illusions de la mémoire, la conscience n'est que cet endroit vers lequel on revient tout le temps ; être soi n'est rien d'autre que l'effet de ce constant aller-retour. Le personnage principal de la scène n'est donc pas « soi-même », mais la possibilité d'y retourner.

Dans cette conception du moi, l'éducation n'est pas la construction d'un personnage plus ou moins central, mais l'accompagnement de ce mouvement toujours fragile, celui de la possibilité de revenir sur scène. Il dépend de nous, mais il n'est pas entièrement entre nos mains. Il y a des obstacles, des abîmes et des voies de non-retour. Il y a des regards et des conditions de vie qui nous rendent honteux et brisent le retour. Comme nous l'avons vu au début du livre, perdre la face revient à ne pas pouvoir revenir sur soi par l'effet du regard d'un autre, qu'il soit réel ou imaginaire. Accueillir l'existence,

5. *Ibid.*, p. 107.
6. *Ibid.*, p. 125.

donc, ne se réduit pas à recevoir l'autre comme s'il était déjà quelqu'un ou quelque chose. C'est lui rendre possible la poursuite de ses allers-retours. Le chemin entre l'école et la maison, qui est à l'origine de la figure du pédagogue, est aussi ce chemin du balancier et du retour sur soi. Le maître est un accompagnateur, certes, mais accompagner ce n'est pas entraîner ou inciter ; c'est laisser venir et laisser partir, accueillir et remercier.

Même si ces délires diderotesques ressemblent plutôt à des simples métaphores ou conjectures grivoises de salon du XVIIIe siècle, ses implications sont parvenues jusqu'à nos sciences contemporaines. Le psychologue suisse Jean Piaget donnait dans un ouvrage de 1947, une définition de l'intelligence :

> « Il ne s'agit pas d'une catégorie isolable et discrète de processus cognitifs [...]. Ce n'est pas une structure parmi d'autres : c'est la forme d'équilibre vers laquelle tendent toutes les structures, dont la formation doit être recherchée sur la base de la perception, de l'habitude et des mécanismes sensorimoteurs de base[7]. »

Selon cette définition, l'intelligence n'est pas une faculté mais une forme d'équilibre, une tendance, comme le disait Diderot, qui accorde entre eux de manière instable différents niveaux d'expérience du monde.

Dans les neurosciences les plus récentes, Antonio Damasio utilise aussi la notion d'équilibre pour expliquer la formation de la conscience à partir de l'évolution biologique et de l'évolution culturelle. Pour Damasio, la construction d'un esprit conscient se fait sur des millions d'années d'évolution, pendant lesquelles ce que l'on appelle l'« homéostasie socioculturelle » agit comme une nouvelle couche fonctionnelle pour la gestion de la vie, créant de l'équilibre là où l'on repère un décalage :

---

7. Jean Piaget, *La Psychologie de l'intelligence*, Paris, Armand Colin, 1967 p 17.

> « Les développements culturels répondent à la détection d'un déséquilibre dans le processus de la vie et tentent de le corriger dans les limites imposées par la biologie humaine et les restrictions dictées par l'environnement social et physique[8]. »

Dans cette tâche consistant à équilibrer ce qui se retrouve en décalage constant, le sentiment indispensable d'être soi-même introduit, nous dit Damasio, un pli. Les sensations se plient avec les images des objets, de telle sorte que l'expérience s'organise à partir d'un dedans et d'un dehors qui émerge selon l'existence de son propre corps et de ses propres interactions avec les différents niveaux d'entourage. La conscience serait, dès lors, cette perspective ou ce point de vue, qui apparaît avec la création instable d'un dedans et d'un dehors à partir desquels on peut organiser une expérience a minima du monde. Diderot, par la bouche de d'Alembert, utilisait des images comme les cordes d'un clavecin avec ses vibrations, ou comme le bourdonnement d'un essaim d'abeilles. La science contemporaine parle d'équilibres, d'homéostasies et de réverbérations. L'existence humaine et sa conscience chancelante, disions-nous, ne sont rien d'autre que la possibilité de continuer à vibrer dans ses allers-retours. La conscience range l'inquiétude de la matière, qui est commune à tous les êtres, dans un endroit auquel on pourra toujours revenir temporairement.

Dans le même sens, le philosophe Gilles Deleuze avait consacré, à l'époque où il écrivait ses réflexions sur la politique du visage dont nous avons déjà parlé, une monographie à la notion de pli et, concrètement, à la philosophie de Leibniz dans le contexte du baroque. Dans ce livre, il écrivait :

> « Toute conscience est un seuil. Sans doute faudra-t-il dire dans chaque cas pourquoi le seuil est l'un ou l'autre[9]. »

---

8. Antonio Damasio, *Y el cerebro creó al hombre*, Barcelone, Destino, 2010, p. 437.

9. Gilles Deleuze, *Le Pli*, Paris, Les Éditions de Minuit, 1988, p. 117.

Parmi toutes les perceptions obscures, noires et confuses qui nous traversent, lesquelles parviennent jusqu'à la conscience et de quelle manière ? Ces perceptions, nous dit Deleuze, constituent l'état animal ou animé par excellence : l'inquiétude. Si accueillir l'existence revient à partager l'inquiétude, élaborer une conscience revient à en faire un lieu d'où l'on pourra aller et revenir ; un point de vue instable où l'on pourra faire l'expérience du monde, de sorte que nos inquiétudes ne deviennent pas des peurs manipulables ou dirigées vers des formes quelconques de servitude.

La banlieue de la conscience

La conscience est donc un lieu. La conscience est un pli. Mais, bizarrement, la conscience est un lieu qui n'a pas son propre lieu entre les plis du cerveau. Comme l'explique le biologiste catalan David Bueno dans ses livres, la conscience est une propriété émergente, c'est-à-dire qu'il n'est possible de la saisir directement dans aucun des éléments en interaction qui la rendent possible. En ce qui concerne le fonctionnement du cerveau, l'attribut de l'esprit qui nous permet de nous rendre compte de ce qui se passe autour de et à l'intérieur de nous, c'est-à-dire la conscience, est généré par l'agrégation dynamique de nombreux éléments et composants, dans plusieurs zones du cerveau, se retrouvant dans une relation réverbérant une série d'échos récursifs. David Bueno ajoute, en outre, que la plasticité du cerveau humain est liée à une caractéristique qui lui est propre : la néoténie. Il s'agit d'un organe qui garde son immaturité à l'âge adulte. Cela veut dire que cet organe a une disposition à ne jamais être réellement lui-même. Sa nature n'est pas téléologique mais relationnelle. Être soi-même, de ce fait, revient à pouvoir situer sa propre immaturité dans la continuité de ces relations nécessaires. Une pédagogie émancipatrice serait dès lors celle qui prendrait soin de ces relations. Sa mesure n'est pas d'augmenter l'efficacité, mais de maintenir l'équilibre.

Où se trouve-t-il ce lieu s'il n'est pas localisable dans une zone spécifique de l'organe cérébral ? Et s'il s'agit d'un organe immature et toujours inachevé, jusqu'où arrivent les relations qui le constituent ? Roger Bartra a proposé une hypothèse très intéressante. Avec une approche anthropologique des neurosciences actuelles, il développe l'idée d'exo-cerveau. C'est-à-dire qu'il propose une réalité cérébrale qui ne se terminerait pas avec l'organe neuronal et ses circuits, mais qui aurait une continuation dans des « circuits extra-somatiques à caractère symbolique[10] ». Les réseaux du cerveau ne seraient donc pas seulement à l'intérieur du crâne. Ils relèveraient d'un continuum entre les neurones et les prothèses culturelles qui prolongent et transforment les circuits nerveux incomplets. L'espace conscient, dès lors, ne se situe pas complètement dans le cerveau. La conscience n'est pas la représentation intérieure d'un monde extérieur, mais la relation produite par cette distinction sur un continuum dans lequel des neurones, des mots, des rituels ou des objets s'entrelacent sans se dissoudre. Nous retrouvons à nouveau l'idée d'équilibre ou de pli qui permet de rassembler une expérience individuelle en un soi distinct sans pour autant qu'elle soit séparée du monde. Au-delà du dualisme (corps/âme, nature/culture) et d'un réductionnisme étroit de la matière (dans ce cas biologico-neuronal), le regard anthropologique de Bartra situe la genèse de la conscience dans un entre-deux et offre la possibilité d'être soi-même comme un effet relevant tout autant de l'évolution que de l'interaction.

Le regard porté par l'anthropologue contemporain sur les neurosciences rejoint ainsi celui du psychologue russe Lev Vigotski qui, au début du XXe siècle, avait analysé et expliqué la genèse socioculturelle de l'esprit et la continuité entre le cerveau et les médiations culturelles qui le constituent. Avec cette

---

10. Roger Bartra, *Antropología del cerebro*, Mexico, FCE, 2007, p. 25.

approche culturelle de la psychologie, il n'y a plus un dedans et un dehors séparés, mais un ensemble d'interactions et de médiations qui, inséparablement, bâtissent la structure aussi bien de l'esprit que de la culture, du langage que de la pensée. Ces médiations, qui ont entraîné l'évolution de l'espèce et de chaque individu, ne relèvent pas d'un simple échange d'informations plus ou moins bien traitées. Elles relèvent d'un dialogue tragique et conflictuel qui construit, une scène après l'autre, la nature même de ce que nous devenons. Les psychologues Pablo del Río et Amelia Álvarez expliquent dans un article[11] que lorsque Vigotski fait sa dernière entrée à l'hôpital pour y mourir, à seulement 37 ans et après une longue tuberculose, il doit choisir un de ses deux livres préférés, l'*Éthique* de Spinoza ou le *Hamlet* de Shakespeare. Il choisit le second. L'être nous détermine, comme le savait Spinoza, mais pour cette même raison, savoir qu'il en est ainsi, ne résout pas la question : la tragédie est toujours ouverte.

11. Pablo Del Río et Amelia Álvarez, « De la psicología del drama al drama de la psicología. La relación entre la vida y la obra de Lev S. Vygotski », *Estudios de Psicología*, n° 28, vol. 3, 2007, p. 303-332.

Chapitre 6

Ose ne pas savoir

Sapere aude (« ose savoir) est le mot d'ordre le plus réussi de la propagande des Lumières. On cite abondamment cette phrase quand on veut rappeler l'importance de l'éducation sans prendre en compte ses conflits internes ; même la série télévisée catalane *Merlí* l'a repris comme titre[1]. Ce n'est pas une invention moderne, puisque ses origines remontent aux écrits du poète latin Horace », mais sa mise en circulation, à partir du célèbre texte de Kant *Qu'est-ce que les Lumières ?*, répond, elle, à une conception moderne de l'éducation et du savoir. Il s'agit, concrètement, d'envisager l'accès au savoir comme condition pour intégrer la vie publique et y participer de manière pleinement libre. Elle se donne comme horizon l'autonomie, entendue comme l'usage de la raison sans la tutelle d'autrui. Selon cet idéal, l'émancipation revient à pouvoir penser par soi-même, c'est-à-dire se forger une conscience débarrassée des déterminations. Il s'agit d'un idéal qui est devenu une référence facile pour des discours bien-pensants mais qui est aussi chargé de présupposés et de conditions qu'il convient d'observer de plus près.

1. N.D.T. : Il s'agit d'une série produite par la télévision catalane dont le personnage principal est le professeur de philosophie d'un lycée.

L'accès à la connaissance

Kant est un des philosophes qui a su le mieux saisir l'abîme des désirs de l'humain et c'est peut-être la raison pour laquelle il est aussi l'un des plus stricts quand il s'agit d'en poser les limites. Il ouvre un abîme de liberté lorsqu'il affirme qu'oser savoir c'est « avoir le courage d'utiliser sa raison sans la boussole d'autrui[2] ». Penser par soi-même ne renvoie pas seulement à l'usage d'une faculté, mais à une forme d'audace qui fait face à plusieurs dangers, extérieurs et intérieurs. En dehors de nous siègent toutes sortes de tuteurs cherchant à s'approprier la pensée et la volonté d'autrui, depuis les professionnels et serviteurs publics, comme les médecins, juges et procureurs, jusqu'au pouvoir politique et religieux. Mais c'est à l'intérieur de nous, ne l'oublions pas, qu'on accueille nos pires ennemis : la fainéantise et la lâcheté. « Je n'ai pas besoin de penser pourvu que je puisse payer[3] », écrit Kant.

Très vite cependant, c'est Kant lui-même qui referme l'abîme qu'il venait d'ouvrir et réintroduit des bornes à cette liberté toute fraîchement découverte. La liberté de « faire un usage public de la raison dans tous les domaines », et la puissance qui va avec, doit être canalisée. C'est pour cela que Kant la situe au carrefour étroit de trois conditions : la première est que la jouissance de cette liberté n'est accessible qu'à ceux qui peuvent disposer d'un accès à la connaissance ; il s'agit des « doctes » ou des « instruits » (*Gelehrte*) et ils ne peuvent exprimer un jugement que sur ce qu'ils connaissent. La deuxième condition est que le libre usage de la raison doit seulement avoir lieu dans l'espace public. On parlerait aujourd'hui d'« audience » ou d'« opinion publique ». La troisième condition, enfin, relève de la nécessité d'avoir un

2. Emmanuel Kant, *Qu'est-ce que les Lumières ?*, 1784.
3. *Ibidem.*

dessein, celui de contribuer au progrès de l'humanité, c'est-à-dire, « d'élargir ses connaissances, de rectifier ses erreurs et, en général, de progresser vers les Lumières[4] ». Ce n'est qu'en respectant ces trois conditions, pense Kant, qu'on peut garantir une relation avec le savoir visant à améliorer la société, sans entraver pour autant son bon fonctionnement.

Ce texte est important parce qu'il exprime parfaitement la tension interne entre la puissance de penser, ouverte à tout le monde, et ses limites, établies selon un système de pensée légitime et représentable. C'est la tragédie de la conscience : sa liberté n'est pas libre, elle s'exerce à l'intérieur des limites qu'elle-même questionne. Face à ce combat, l'intellectuel apparaît comme une figure dont les réflexions et les connaissances contribuent au progrès de la société, à condition de ne pas mettre en cause l'organisation et le bon fonctionnement de celle-ci. Selon cette logique d'origine bourgeoise, la liberté de pensée s'exerce sur un seul terrain de jeu : la sphère publique animée par ceux qui savent. En dehors de ce terrain, c'est l'obéissance qui prévaut. C'est-à-dire que ceux qui n'en savent pas ou ne sont pas au fait de ce qu'il faut savoir voient leur vie réduite à la subordination. Kant nous donne à voir la face cachée du *sapere aude* dans une partie moins commentée de son essai :

> « Raisonnez autant que vous voulez et sur tout ce que vous voulez, mais ne cessez pas d'obéir[5]. »

L'obéissance des ignorants et de nous tous en tant que membres du système est l'exigence portée par le mot d'ordre le plus connu de la pensée émancipatrice.

L'accès à la connaissance devient, de ce fait, la nouvelle condition nécessaire pour exister politiquement et socialement ; pour être intégré de plein droit à la société. Ceux qui n'ont pas fait

4. *Ibid.*
5. *Ibid.*

d'études deviennent les nouveaux gueux et exclus. Le titre académique remplace doucement le titre aristocratique, même si les privilèges cognitifs restent toujours transmissibles par la naissance. Nous sommes au XVIIIe siècle, mais la société de la connaissance est déjà en marche. Peut-on imaginer que ce rapport à la connaissance devienne un jour égalitaire ? L'idéologie du progrès nous dira que c'est une évolution possible et il en découlera la défense d'une éducation universelle publique et obligatoire. Les mouvements pédagogiques émancipateurs et révolutionnaires reprendront cette aspiration. Mais Frédéric II de Prusse, le souverain des Lumières, dans un exercice de réalisme, indiquait déjà dans une lettre à d'Alembert que, si on enlève les paysans, les travailleurs manuels et les femmes qui n'ont pas eu accès à l'éducation et que l'on examine parmi ceux qui l'ont eu « combien d'imbéciles, combien d'âmes pusillanimes, combien de libertins [il y a], de ce calcul il résultera approximativement que, dans ce qu'on appelle une nation civilisée, vous trouverez à peine un millier de savants. Et parmi eux, encore, quelle différence dans leurs esprits ![6] ».

La même année où Kant écrit *Qu'est-ce que les Lumières ?* et proclame son *sapere aude*, Mary Wollstonecraft, future mère de Mary Shelley et autrice de la *Défense des droits de la femme*, fonda une école[7]. Son but était que les enfants, et plus particulièrement les filles, arrivent à penser par elles-mêmes. Il ne s'agissait pas d'un souhait théorique ou d'un projet utopique. Face à la domination des pères et des maris sur les femmes ainsi que celle des classes supérieures sur les autres, c'était une nécessité. Elle-même, avec ses sœurs et ses amies, souffrait de cette domination patriarcale.

6. Frédéric II de Prusse, « Lettre à d'Alembert », 8 janvier 1770.

7. On peut lire cet épisode dans la biographie de Charlotte Gordon, *Romantic Outlaws: The Extraordinary Lives of Mary Wollstonecraft and Her Daughter Mary Shelley*, New York, Random House, 2015.

Wollstonecraft fonda une école pour qu'elles aussi puissent s'émanciper et devenir indépendantes. Fonder l'école ne répondait donc pas à la quête d'un salut ou à une conception messianique de l'éducation. C'était une action d'autonomie réciproque ; d'entraide entre apprenants, des femmes et des jeunes filles en l'occurrence, affrontant leurs dominations respectives. À l'heure où le *sapere aude* de Kant devenait célèbre partout en Europe dans la bouche des intellectuels et dirigeants les plus éclairés, l'école de Mary Wollstonecraft n'a tenu qu'un an. Les défiances et l'absence de confiance dans le bien-fondé de cet appel à l'insubordination réelle face aux relations de pouvoir, intimes et publiques, de la société, ont miné ses énergies et brisé même les liens entre les initiatrices. L'émancipation des Wollstonecraft ne se disait pas, elle se faisait, rendant ainsi leur proposition éducative crédible, et pour cette même raison, dangereuse.

Comme nous l'avons vu plus haut, penser par soi-même et avec les autres n'est pas l'horizon plus ou moins lointain d'une capacité mentale nourrie par le savoir légitime, mais la possibilité d'établir dans un aller-retour permanent, un lien conscient avec le monde. Ce n'est pas seulement un processus intellectuel, mais un équilibre précaire entre différentes capacités. Conquérir l'autonomie revient à pouvoir maintenir cet équilibre précaire ; il s'agit d'une pratique de l'interdépendance et de la réciprocité qui entre en conflit avec les structures mêmes de la société. Elle ne se contente pas d'associer émancipation et connaissances ; elle nous conduit à la question centrale : qui peut savoir ? Qui sont les exclus ou les exclues de la connaissance légitimée ? Et qu'est-ce qui se passe dès lors que ceux qui ne devraient pas le faire décident d'apprendre ? Comment change la subjectivité politique lorsque les ignorants deviennent eux-mêmes des apprenants ?

Apprendre à apprendre

Focaliser la puissance émancipatrice de l'éducation sur le seul accès à la connaissance peut nous conduire, comme nous venons de le voir, à une posture excluante et dominante. Elle exclut les savoirs qui n'ont pas été légitimés par le système académique et culturel. Et domine ceux ou celles qui, pour des raisons culturelles, de classe, de genre, de race ou de trajectoire personnelle, n'en savent jamais assez pour pouvoir participer. Si l'enjeu est le savoir, le monde peut se retrouver divisé entre ceux qui savent et ceux qui ne savent pas. Qu'est-ce qui se passe, en revanche, pendant que l'on apprend ? Qui est qui dans les relations d'apprentissage ? Si on déplace ainsi la question, on peut décharger la connaissance de ses hiérarchies. Mais, on le verra, cela finit par créer également de nouvelles formes de servitude.

La pédagogie de l'apprentissage n'utilise pas *ose savoir* comme mot d'ordre, elle lui préfère une consigne beaucoup plus simple et plus modeste en apparence : *apprend à apprendre*. Cette consigne est devenue aujourd'hui le pilier du système éducatif. Dans le cadre d'un système fondé sur les compétences, apprendre à apprendre est une compétence clé évaluable, peut-être la plus fondamentale et la mieux estimée de toutes, à tel point qu'on l'utilise souvent comme un synonyme ou comme une définition de l'idée même d'éducation. Se former revient à apprendre à apprendre : quiconque a eu le moindre rapport au système éducatif ou à certains domaines de la formation professionnelle et de l'entreprise l'aura compris. Pour qui ne serait pas trop familier du langage pédagogique contemporain, l'expression *apprendre à apprendre* peut, en revanche, avoir l'air d'une évidence. Il s'agit d'une tautologie qui exprime, par une forme circulaire, l'exigence de tout savoir autonome : pouvoir le penser ou le transformer en une pratique par soi-même, dépassant la passivité propre à l'exécution d'une consigne. Comment se fait-il qu'une telle évidence puisse atteindre un tel niveau de pertinence, allant jusqu'à devenir la clef de voûte du système éducatif actuel, aussi bien à l'intérieur qu'à l'extérieur de l'école ? Et quelles en sont les conséquences ?

L'idée d'apprendre à apprendre est issue des travaux de Gregory Bateson et notamment ceux sur l'écologie de l'esprit[8]. Bateson propose une distinction entre différents niveaux d'apprentissage ne relevant pas d'une hiérarchie dans les contenus, mais d'une distinction entre des ordres ou des niveaux de répercussion. Par la mise en pratique de la théorie des types logiques de Bertrand Russell, Bateson montre qu'il existe, dans l'apprentissage, différents niveaux d'implication, dont le rôle n'est pas simplement d'additionner et d'élargir la connaissance disponible, mais bien d'interagir les uns avec les autres et de modifier leur fonctionnement. Si l'on parvenait à avoir une compréhension profonde des contextes et des schémas d'apprentissage, nous pourrions alors nous demander, pense Bateson, comment faisons-nous pour penser ce que nous pensons et apporter une guérison aux pathologies de la culture et à ses « clôtures » épistémologiques et linguistiques, tout en élargissant nos attitudes de vie et nos champs perceptifs, en s'inscrivant dans la nature. Réussir à penser par soi-même ne serait dès lors pas l'objectif final de l'émancipation, mais une pratique de transformation constante. Ce déplacement pédagogique radicalise l'idée d'émancipation rendant obsolètes ceux qui possèdent le monopole de la connaissance légitimée. Mettre l'accent sur un apprentissage capable de transgresser ses propres limites rend visibles et, de ce fait, questionnables, les contextes et les schémas du système d'apprentissage en lui-même. Cela nous libère ainsi des épistémologies clôturées et de ses « seigneurs », tout en ouvrant la pratique concrète de la connaissance à sa transformation constante.

8. Gregory Bateson, *Vers une écologie de l'esprit*, Paris, Seuil 1977.

Cette posture critique est curieusement devenue le fondement idéologique de certaines propositions pédagogiques très acritiques, dont les propositions et les solutions méthodologiques s'inscrivent dans les paramètres de la gestion efficace du comportement. Si l'on consulte les documents qui formalisent les paramètres et le sens de la compétence apprendre à apprendre, on y trouvera des formulations reprenant sans faille cette même orientation. Regardons le site du ministère de l'Éducation en Espagne, par exemple. Nous y trouvions ceci :

> « Indispensable pour l'apprentissage permanent qui se produit tout au long de la vie et qui a lieu dans des différents contextes formels, non-formels et informels. En ce qui concerne l'organisation et la gestion de l'apprentissage, cela suppose la capacité à s'initier, s'organiser et persister dans l'apprentissage. La compétence apprendre à apprendre (CPAA) demande de connaître et de contrôler les processus d'apprentissage afin de les adapter aux temps et aux exigences de différentes tâches et activités donnant lieu à l'apprentissage. La compétence apprendre à apprendre conduit à un apprentissage de plus en plus efficace et autonome[9]. »

Ce paragraphe reprend à peu près l'ensemble des éléments qui réorientent le sens d'apprendre à apprendre vers le domaine de la gestion des comportements. Avec ce type de démarches, apprendre à apprendre fait appel à l'organisation et à la gestion de l'apprentissage dans tout contexte et toujours selon le même critère : rendre les procédures plus efficaces et les rendre adaptables à toute sorte de tâche ou de requête. Cela suppose qu'on sache identifier et contrôler des processus, en maîtriser les temporalités

9. Ministerio de Educación, Formación Profesional y Deportes, « Competencia para aprender a aprender (CPAA) », autrefois disponible en ligne sur le site du ministère : http://www.educacionyfp.gob.es/educacion/mc/lomce/el-curriculo/curriculo-primaria-eso-bachillerato/competencias-clave/aprende.html (N.D.T. : cette page n'existe plus aujourd'hui).

et en assurer la persistance. Le critère est celui de la réussite et de l'efficacité du processus, en fonction des conditions et des potentialités qu'il faut savoir évaluer. L'idée d'autonomie se traduit ici par la capacité à réussir dans un environnement changeant. Il s'agit donc d'un atout adaptatif qui combine des aspects tactiques, stratégiques et motivationnels.

La commission européenne donne une définition de la compétence apprendre à apprendre, en reprenant des mots semblables :

> « L'aptitude à entreprendre et poursuivre un apprentissage, à organiser soi-même son apprentissage, y compris par une gestion efficace du temps et de l'information, à la fois de manière individuelle et en groupe[10]. »

Et l'on retrouve toujours les mêmes mots dans toutes sortes de documents visant à promouvoir et à situer au centre de la vie éducative cette même idée, aussi bien dans les administrations que dans le monde privé, dans tous ses domaines et à tous les niveaux. À qui s'adressent ces discours et ces pratiques ? Ils s'adressent à un sujet autonome, qu'on entend comme un sujet pratique affrontant des problèmes à résoudre dans un environnement concurrentiel. C'est l'analyse d'Alain Ehrenberg dans sa recherche *La Mécanique des passions*, où il montre la généalogie de cette réorientation de l'existence vers un ensemble de comportements pouvant être soumis à différentes stratégies de contrôle et d'autorégulation. Selon cette conception de l'humain, dont les racines remontent à l'empirisme anglais du XVIIe siècle, un individu est capable d'avoir un nombre déterminé de comportements, avec ses particularités, ses limites et son potentiel dissimulé. L'enjeu est le suivant : comment fait-on pour tirer le plus grand rendement possible de cette singularité que

10. Proposition de recommandation du Parlement européen et du Conseil sur les compétences clés pour l'éducation et la formation tout au long de la vie, EP-PE_TC1-COD, 2005, 0221.

nous incarnons, chacun d'entre nous ? Comment peut-on en augmenter notre valeur par le développement de nos aptitudes ? Et comment le fait-on dans un environnement de plus en plus incertain et changeant ? La guerre des cerveaux s'approprie le sens émancipateur de l'apprentissage et efface la subjectivité de l'apprenant, puisqu'elle la réduit à une relation flexible entre des comportements plus ou moins efficaces.

Avec ce point de vue, l'individu apte n'est pas le plus fort ou celui dont les objectifs sont les plus clairs, mais celui dont le cerveau est le plus adaptatif et flexible. Il n'est pas le plus obéissant, mais celui qui s'autorégule le mieux. La liberté devient efficace quand elle s'exerce selon des techniques d'autocontrôle :

> « L'autorégulation est le moyen de réaliser efficacement ses propres objectifs personnels[11]. »

Dès lors, l'élan émancipateur de l'apprentissage se trouve réduit à une technique compétitive qui restreint le sens de la liberté à l'exercice d'une servitude adaptative. Si l'autonomie entendue comme la participation à la sphère publique par l'accès à la connaissance conduisait à une exigence d'autolégitimation face à ceux qui savent, l'autonomie entendue comme la gestion de l'apprentissage conduit à un exercice de la liberté comme autorégulation efficace ; exercice fondé sur le potentiel d'adaptation à une réalité incertaine et changeante.

Dans ce paradigme, l'apprenant dispose toujours d'une marge pour élargir ses aptitudes, à condition que son existence n'ait pas été déclarée superflue ou résiduelle. À l'heure de la *global learning revolution* où « l'important n'est plus ce que tu sais mais ce que tu apprends » les questions deviennent : « Comment peut-on maximiser le pouvoir de notre cerveau à long terme ? Que signifie le développement d'une science de l'apprentissage ? ». L'auteur de

11. Alain Ehrenberg, *op. cit.*, p. 114.

ces énoncés, Alex Beard, affirme également dans *Natural Born Learners*[12] :

« Je suis l'addition de toutes les parties que je maîtrise directement. »

La neurologie de l'intelligence est une science de l'apprentissage en train d'occuper aujourd'hui tous les départements universitaires de pédagogie et de psychologie, standardisant leurs produits didactiques. Loin d'apprendre à penser par lui-même, l'apprenant est appelé à améliorer son potentiel en fonction des besoins et des opportunités du monde qui l'entoure. Le solutionnisme de l'intelligence conduit à l'opportunisme de l'apprentissage.

Savoir ne pas savoir

La pédagogie moderne a toujours eu peur d'elle-même. Le même système politique qui l'a mise en place, a réorienté son ambition vers une reproduction de l'ordre, que cela se fasse par l'organisation de la connaissance ou par l'ingénierie comportementale. La puissance de son élan émancipateur s'est ainsi retrouvée neutralisée à double titre. D'abord par les conditions d'accès à la connaissance légitimée et à la sphère publique reconnue. Ensuite par les résultats vérifiables d'une gestion efficace des comportements. Les pratiques éducatives ne se soumettant pas à cette double contrainte sont repoussées vers les marges que sont les pédagogies critiques ou alternatives.

Un des foyers les plus brûlants du débat pédagogique contemporain est celui qui oppose connaissances et apprentissages, contenus et compétences, thématiques et procédures. Il s'agit, à vrai dire, d'un faux débat. Un apprentissage vidé de contenus n'est pas un apprentissage, c'est du dressage. Et une connaissance

12. Alex Beard, *Natural Born Learners*, Londres, Weidenfeld and Nicolson, 2018.

qui n'éveille pas de disposition au questionnement ni à l'envie d'aller plus loin, c'est une doctrine, y compris lorsqu'on la déguise sous forme de science. Avec ce débat, la vraie question demeure dans l'ombre : dans quelle mesure les connaissances que l'on apprend nous permettent-elles d'élaborer une conscience et de commencer à penser par nous-mêmes et avec les autres ? Cette question ouvre un tout autre débat, qui concerne tout autant les contenus que la manière de les apprendre et de nous rapporter à eux. Et surtout, il contient la dimension la plus inquiétante aux yeux des garants de l'ordre : l'importance d'apprendre à ne pas savoir.

Savoir n'est pas maîtriser un champ de connaissances ou contrôler certaines capacités. Toutes les formes de la sagesse, partout et depuis toujours, soutiennent que le savoir est vivant lorsqu'il intègre la conscience d'être aussi celui qui ne sait pas. D'un autre côté, on l'a vu, le pli de la conscience s'ouvre là où s'écartent le dedans et le dehors qui n'existaient pas auparavant ; où s'écartent et se retrouvent, de ce fait, ce que nous savons et ce que nous ne savons pas. On ne peut pas réduire la conscience à la connaissance d'un catalogue ni à un comportement vérifiable. C'est une expérience de la limite, capable de construire du sens à partir de l'activité de la pensée. Penser par soi-même est une activité qui part du questionnement des limites du savoir. Pour apprendre à penser, il faut donc apprendre à ne pas savoir. Les écoles, universités et autres institutions sociales consacrées à la transmission, au partage et à l'élaboration de connaissances devraient, de ce fait, être les maisons du non-savoir. Si le frontispice de l'Académie de Platon portait l'écriteau « défense d'entrer à qui n'aurait pas de notions de géométrie », on devrait écrire à l'entrée de toute école : « défense d'entrer à toute personne qui ne serait pas prête à ne pas savoir ». Y compris les enseignants. Seulement ainsi pourront-ils savoir ce qu'ils savent vraiment.

C'est contre cela que le système de la culture se bat depuis toujours. La civilisation occidentale, aujourd'hui globalisée, a consacré tous ses efforts à la production et la systématisation de la connaissance. C'est la raison pour laquelle elle voit dans l'expansion de la connaissance un combat contre l'ignorance et contre l'erreur. De nos jours, on aborde ce combat comme une opération pour dominer l'incertitude et faire en sorte que le non-savoir devienne une ressource supplémentaire à exploiter. De l'arbre de la connaissance avec toutes ses branches jusqu'aux théories contemporaines de la complexité, des anciennes archives jusqu'aux encyclopédies modernes ou nos actuelles bases de données, la culture occidentale s'est efforcée de produire de la connaissance, la classant, l'exploitant et l'imposant. C'est une culture patrimoniale et cumulative. L'école et l'université ont été conçues comme des temples du savoir. Les musées et les bibliothèques aussi. Nous sommes éblouis par le stockage, analogique ou numérique, et toutes les institutions rêvent de s'élargir. A de la valeur ce qui peut augmenter : les fonds bibliographiques, les salles et les œuvres d'art, le nombre de diplômes ou de post-bacs offerts par le système universitaire ou encore la remontée dans un quelconque classement nouvellement inventé. C'est ce qui nous permet de dire que notre culture est une culture épistémologique, définie davantage par ce que l'on sait que par ce que l'on ne sait pas. Nous sommes ce que nous savons. Et dès lors que nous nous rendons compte des nombreuses choses que nous ne savons pas, nous cessons de savoir qui nous sommes. Il me semble que l'Europe elle-même, en tant que référent culturel et politique, se trouve dans cette situation. Nous sommes angoissés à l'idée de nous regarder dans ce qui nous manque ; de nous retrouver là où nous n'avons plus d'aptitudes ; d'être là où nous ne comprenons pas. Mais ce sont justement celles-là les dimensions indispensables de tout apprentissage transformateur et critique et d'un savoir conscient de ses limites, de sa fragilité et, donc, de sa réalité tâtonnante.

Avec cette conception productive et cumulative de la connaissance, l'ignorance ne peut être que combattue ou dominée, anéantie ou rentabilisée. La connaissance contre l'ignorance : voilà ce qui pourrait constituer la trame principale de notre drame. L'épistémologie occidentale est le grand artifice dans lequel se déploie cette dramaturgie, et l'histoire des arts et des sciences en est à son tour le déploiement, saison après saison. L'argument est cependant toujours le même : avancer et progresser tout en repoussant la frontière, comme les pionniers du Far West. Avec cette trame, l'ignorance c'est cet état qu'il convient de corriger, d'éliminer ou d'optimiser. Ou alors c'est l'ennemi à vaincre, ou la ressource à exploiter.

L'ignorance a été traditionnellement vue comme une forme obscure que la lumière de la vérité saurait effacer. Superstition, barbarie, brutalité, tromperie, vie sauvage... autant de manifestations des dangers d'une vie dont seules les formes civilisées peuvent nous prémunir. Cette logique binaire et fondée sur une logique d'accumulation et d'expansion oublie cependant deux choses très importantes : la première est que ce que l'on ignore contient plein d'autres savoirs et formes de vie possibles. La seconde est que tout ce qu'on pense savoir est lesté de nombreuses formes d'ignorance (des préjugés, des secrets, des intérêts cachés, etc.). C'est pourquoi la connaissance et l'ignorance ne relèvent pas d'une dichotomie, mais d'une polarité en tension. Le rapport entre les deux ne doit pas prendre la forme d'un combat mais celui d'une alliance génératrice. L'ombre et la lumière ne s'opposent pas, elles ont besoin l'une de l'autre. Même les philosophes des Lumières le savaient. Ils savaient que la lumière de la raison entraînait avec elle beaucoup d'obscurité et qu'elle projetait de nombreuses zones d'ombre.

Dans la société de l'information, l'ignorance a adopté une condition nouvelle : ce n'est plus une obscurité de l'extérieur, vierge ou sauvage, mais une ressource qu'on peut produire à sa guise. En ce sens, l'ignorance est intéressante, très intéressante. La preuve en est l'intérêt académique pour l'agnotologie (l'étude de la production sociale et stratégique de l'ignorance) ou l'intérêt médiatique pour la post-vérité et les fake news... Nous sommes de plus en plus conscients, en tant qu'individus et en tant que collectivité, du fait que notre savoir est bien moins important que ce que nous ne savons pas. La technologie contemporaine nous offre les outils d'une puissance chaque jour plus grande (portables, ordinateurs, moteurs, etc.) mais dont la compréhension est toujours plus difficile. Ce sont des boîtes noires qui nous octroient du pouvoir, mais au prix d'une dépendance à l'incommensurable car elle repose sur ce que nous ne comprenons pas. En outre, du fait de l'inflation de la sphère médiatique, posséder de l'information ne revient plus à savoir ce qui se passe. Finalement, les crises (environnementale, politique, culturelle, humanitaire...) nous poussent vers une nouvelle expérience de la limite, atteignant cette fois-ci la civilisation telle que nous la connaissons. Tous ces facteurs convergent dans la sensation répandue d'aller vers un futur dont on ne sait rien et qui ne ressemblera que très légèrement aux imaginaires de progrès que nous avons laissés derrière nous. La conséquence est une situation paradoxale où la connaissance *et* l'ignorance augmentent, où l'information *et* le désœuvrement augmentent, où la documentation *et* la peur augmentent. C'est une forme nouvelle d'analphabétisme, elle n'est pas la conséquence d'un manque de connaissances, mais de leur décalage par rapport à l'expérience que nous en avons. C'est un analphabétisme éclairé : tout ce que nous savons ne nous apporte pas d'outils mieux adaptés à la compréhension et à la pratique de nos différents contextes de vie.

L'ignorance n'est plus considérée comme un fait naturel. C'est une condition socialement produite qui augmente et dont on peut faire un usage stratégique, dans un contexte de hausse de la complexité et de l'incertitude. Pour cette même raison, les formes prises par l'ignorance à chaque endroit et à chaque moment dessinent une carte sociale et politique des endroits où l'on peut intervenir. Dans les années 1980 déjà, l'expert des paradigmes émergents de l'incertitude, Michael J. Smithson, posait la question suivante :

> « La connaissance est socialement construite. Aurait-il du sens de dire que ce qui passe pour de l'ignorance est également socialement construit et négocié[13] ? »

Si l'ignorance n'est pas un fait naturel et si, dans les conditions actuelles, elle se répand sous des formes différentes, il est évident qu'on peut aussi la produire de manière tactique et à des fins précises. C'est ce que l'historien de la science Robert Proctor et d'autres chercheurs ont analysé sous le nom d'*agnotologie*[14]. Si l'épistémologie est l'étude de la production de la connaissance, de ses formes et de sa validité, l'agnotologie est l'étude des formes d'ignorance, de ses causes et de ses conséquences. À partir de cas aussi flagrants, par exemple, que celui de l'industrie du tabac, l'agnotologie propose un cadre analytique et critique dans lequel il est possible d'analyser les différentes formes d'usage de la connaissance, non seulement médiatique mais aussi scientifique, ayant pour but de produire délibérément de l'ignorance : des secrets commerciaux, des archives militaires classées mais surtout, par la création de controverses, de doutes et débats qui, bien qu'en apparence ouverts au public, ne font que nous empêcher de disposer des critères pour juger des problématiques particulières et prendre des décisions à leur égard.

Dans des sociétés médiatiques où l'information circule, aucun secret n'est assez puissant pour être gardé. Il vaut mieux

13. Michael J. Smithson, *Ignorance and Uncertainty. Emerging paradigms*, New York, Springer Verlag, 1988, p. VII.

14. Robert Proctor, *Agnotology. The Making and unmaking of ignorance*, Stanford, Stanford University Press, 2008.

confondre à dessein, semer le doute et le soupçon pour faire en sorte que ce soit, finalement, le sujet lui-même qui s'inhibe ou adhère à la position jugée la plus simple. Les fake news agissent dans ce paradigme au sein duquel certains arts et certaines sciences produisent, entretiennent et manipulent de l'ignorance. Les clients et consommateurs que nous sommes, dans une société médiatique fondée sur la gestion et la maîtrise de l'information, percevons comme une évidence ce genre de cas. Mais la question suivante n'est pas si évidente : si l'ignorance est une production sociale, comment le système éducatif participe-t-il de cette production ? Sur quels oublis, zones d'ombre et perspectives biaisées fonctionne ce qu'on présente naïvement comme une initiation à l'apprentissage et à la connaissance ?

Accueillir le déséquilibre

Toute forme de connaissance porte en elle une ombre projetée qu'on peut utiliser pour nourrir les peurs et, avec elles, le pouvoir qui les monopolisera. L'élaboration d'une conscience, on l'a vu, ne revient pas à déployer une opération de maîtrise reposant sur la puissance de l'intelligence. Une intelligence qui cherche à tout maîtriser est faible, de même qu'une science cherchant à tout voir devient aveugle. L'apprenant est toujours dans un déséquilibre par rapport à tout ce qu'il pourrait savoir ou apprendre. Dans notre expérience contemporaine du monde, soit nous avons toujours besoin de plus d'informations, soit nous en avons trop. C'est pour cela qu'il est si important de savoir comment ne pas savoir. Apprendre, c'est accueillir le déséquilibre.

Le philosophe Nicolas de Cues a publié en 1440 un livre dont on connaît mieux le titre que le contenu : *De la docte ignorance*[15]. Pour certains, il s'agit du père de la philosophie allemande et, à ce

15. Nicolas de Cues, *La Docte Ignorance*, 1440.

titre, un prédécesseur de Kant, mais ce type de lecture rétrospective est toujours portée par une quête de linéarités et de légitimités visant à justifier ce que l'on cherche à prouver, plutôt que cherchant à écouter ce qui nous reste encore à savoir. Nous, les myopes, devons à Nicolas de Cues la possibilité, entre autres choses, de sortir de chez nous, puisque c'est lui qui a proposé en 1451 l'usage de verres concaves pour corriger la vue de loin. C'est donc grâce à lui que les personnes à courte vue peuvent arpenter le monde, ce qui est très important pour tisser des liens avec sa propre ignorance. Nicolas de Cues affirme dans ce livre qu'il faut apprendre à faire l'expérience du déséquilibre pour s'approcher de la vérité. Le langage de la proportion (qui est celui de la raison) établit par comparaison des liens entre les mesures dont nous disposons, et c'est ainsi qu'il les élargit. C'est la tâche illimitée mais finie de la raison, et c'est pour cela qu'elle avance par empilement, repoussant de la sorte la frontière de la connaissance. Elle crée une image du monde qui n'est jamais complète mais où tout est susceptible d'établir un lien.

Il existe cependant une autre dimension qu'il ne faut pas oublier : cette expérience de la connaissance comme expansion va toujours de pair avec l'incompréhensibilité, elle ne s'en détache jamais. L'exacte vérité est incompréhensible. Nicolas de Cues utilise une très belle image pour l'expliquer : la raison tend vers la vérité comme le polygone tend vers le cercle. Ce mouvement, qui tend malgré ses efforts vers la non-coïncidence, représente l'abîme que nous ne comprenons pas, l'infini que notre finitude ne pourra pas conquérir. Nous pouvons déplacer la frontière tant que nous le voulons, il n'est pas possible d'enjamber l'abîme. Encore moins de le conquérir, de l'exploiter ou de le gérer. L'abîme nous accompagne, il est collé à notre peau. Pour Nicolas de Cues, cet abîme est la manifestation de Dieu, ou de l'absolu. Mais on peut aussi retenir l'autre face de cette même idée et affirmer que la vérité dernière réside dans ce décalage entre nous et le monde, entre ce que nous pouvons connaître, calcul après calcul, et le fait même de pouvoir le faire. Dans cette tension réelle entre la connaissance et l'incompréhensible qui va avec, la raison, sans laisser tomber ses connaissances utiles, concrètes et effectives, sait qu'elle ne sait pas. Son ignorance est une sagesse, comme l'est aussi sa connaissance. Elle sait qu'elle ne peut pas tout, parce que le tout n'est pas une mesure. Le totalitarisme n'est pas une relation, c'est la domination sur toutes les formes de relation.

Élaborer la conscience consiste, dès lors, à apprendre la mesure dans la démesure ; à libérer les formes de vie de l'imposition d'un principe unique, en devenant alors conscient du fait qu'aucun calcul ni aucune image du monde ne le réduiront jamais à un seul point de vue. Accueillir l'ignorance avec sagesse, c'est accueillir le déséquilibre qui accompagne toute forme de vérité, sans la dominer et sans lui faire violence.

Nicolas de Cues peut nous paraître très lointain. Mais dans une classe de petite section, la maîtresse accueille tous les jours la disproportion. On n'a pas besoin de laisser une porte ouverte à Dieu ou de dessiner des cercles et des polygones pour comprendre ce qu'accueillir le déséquilibre veut dire. Le déséquilibre se loge entre chaque vie qui arrive au monde et toutes les autres. Chaque vie incarne la singularité d'un point de vue irréductible à tout autre. La non-coïncidence de ces points de vue ne peut s'appréhender globalement depuis un point de vue supérieur. Ensemble, ces points de vue articulent une situation qu'aucun d'entre eux n'arrive à maîtriser. On le sait bien quand on a fait de son métier une réception permanente.

Ouvrir tous les jours la porte d'une salle de cours, c'est accueillir le déséquilibre pour apprendre à vivre avec. Enseigner les premières lettres, apprendre l'usage des pions dans un jeu ou écouter un conte, aussi. Au fur et à mesure que nous avançons dans notre formation, tout particulièrement si elle nous destine à occuper des postes de pouvoir, nous oublions le déséquilibre qui accompagne chacun de ces gestes et qui nous relie entre-nous. Nous tombons dans le piège de la connaissance seulement expansive et cumulative. Nous soignons notre peur de l'abîme avec des rêves de pouvoir qui bâtissent des frontières sur le néant. Nous arrivons même à croire en la possibilité, notre civilisation l'a fait et continue de le faire aujourd'hui, par le rêve de l'algorithme, de tout calculer et d'en avoir une gestion efficace. Avec la philosophie de Nicolas de Cues, nous pouvons affirmer que cet oubli est la prison de la rationalité dans sa toute puissante finitude ; la raison qui a oublié qu'elle ne sait pas. Comme nous le verrons, toutes les formes de servitude s'articulent sur la construction de cet oubli. Une éducation qui refuse de légitimer la servitude et de collaborer avec elle est, justement, celle qui garde ouverte le déséquilibre entre la connaissance et l'ignorance. Voilà la clé pour une éducation comprise comme un art de l'existence et comme l'ouvroir de cette conscience capable de penser par elle-même.

Chapitre 7

Servitude adaptative

« On m'avait déjà dit que vous vouliez une approche personnelle. » « À quel propos ? », demandai-je. « À propos du mémoire. » Il a 30 ans, il est étudiant en philosophie. Il a pris rendez-vous avec moi pour échanger sur son mémoire. Ses mots me déstabilisent. Mon invitation à aborder de manière personnelle une problématique philosophique est devenue pour lui une consigne à suivre. Je pourrais sans problème demander tout autre chose. La pensée libre n'est qu'une modalité parmi d'autres. L'autonomie devient une forme de subordination. Comment est-il possible que l'apprentissage de la liberté devienne obéissance ? Cette scène me revient très souvent en tête depuis des années. Elle condense le paradoxe des deux visages de la liberté : d'un côté le fait que penser librement implique de traverser certaines contraintes, à commencer par celle de faire. L'éducation est devenue un droit fondamental dans les sociétés modernes dès que l'on a instauré l'obligation d'aller à l'école. D'un autre côté, cette scène exprime la version la plus perverse de ce lien entre obéissance et liberté : l'étudiant adapte sa volonté à la mienne, faisant de son travail libre un comportement obéissant. Et moi ? À qui suis-je en train d'obéir ?

Si l'on veut comprendre le lien entre obéissance et liberté dans la relation éducative, il faut aller plus loin dans cette scène, dépasser la confrontation entre l'enseignante et l'étudiant, et se demander : est-il possible que nous soyons tous les deux en train d'obéir à une même forme de servitude, chacun dans son rôle ? Les mots de l'étudiant agissent ainsi comme un miroir révélateur :

dans le système éducatif et académique du capitalisme cognitif, nous nous adaptons tous à ses critères, à condition de pouvoir vivre cette adaptation comme une forme de liberté. Ici, donc, je serais en train de transmettre la consigne et l'étudiant en train de l'accepter. Ses mots produisent une interférence qui nous dévoile, pour un instant, les règles du jeu qui, d'habitude, ne sont pas explicitées. Il s'agit des normes qui graissent les rouages de la servitude adaptative.

Face à l'étudiant et à l'enseignante de cette scène, l'apprenant dirait : « Jusqu'où suivrons-nous, l'un et l'autre, les règles de la servitude qui nous permettent de continuer à exister ? Et quel sens y aurait-il à ne pas le faire ? » L'éducation émancipatrice a concentré son regard sur l'élève, ou le mineur, dont elle fait un objet à libérer suivant un parcours qui va de la dépendance à l'autonomie. À l'école des apprenants, le regard est différent : c'est seulement par l'alliance de tous ceux qui dépendent les uns des autres (étudiants et professeurs, mineurs et tuteurs, générations diverses, etc.) que nous nous pouvons accéder à la compréhension des formes d'oppression qui nous traversent et que nous pouvons travailler pour les transformer. Comment penser une alliance qui rendrait égaux les inégaux ?

La racine obscure de la servitude

Nous naissons dépendants. Mais comment en vient-on à être serviles ? Cette obéissance de nature qui relie les enfants à leurs géniteurs, ou les plus immatures à leurs tuteurs, comment parvient-elle à devenir une relation sociale de servitude ? On a souvent rappelé qu'à l'école on apprend, surtout, l'obéissance. On y apprend fondamentalement à se lever tôt et à toujours attendre une récompense (la note, la reconnaissance..., le salaire plus tard). Mais, au-delà de la logique de l'obéissance, qui nous permet de survivre, comment la servitude s'apprend-elle, si tant est qu'elle s'apprenne vraiment ? On pourrait dire que, si l'obéissance est un fait, la servitude est une condition. La première est objective : qu'on soit d'accord ou en désaccord, on obéit ou on n'obéit pas à un ordre. La seconde est subjective : c'est une disposition du sujet (*subject* en anglais aussi) à se soumettre à l'individu ou aux institutions dont émane l'ordre. L'obéissance est fondée sur ce que l'on fait, la servitude sur ce que l'on donne.

> « Comment s'est enracinée si profondément cette opiniâtre volonté de servir qui ferait croire qu'en effet l'amour même de la liberté n'est pas si naturel[1]. »

Ce sont les mots d'Étienne de la Boétie. Bordeaux, XVIe siècle. Le jeune français a su parfaitement rendre compte de cette condition qu'est la servitude : elle ne peut exister qu'à condition d'être octroyée.

> « Si on ne leur donne rien, si on ne leur obéit point, sans les combattre, sans les frapper, ils demeurent nus et défaits[2]. »

Il anticipe le tournant qui va définir les sociétés modernes : le passage de l'obéissance organique, conditionnée par la lignée, la communauté de subsistance ou la loi divine, à l'obéissance libre, fondée sur le consentement éclairé des individus. La *servitude volontaire*, l'appellera-t-il, proposant une expression qui a traversé les siècles. Le consentement est la base du contrat social. Mais La Boétie s'attaque à la plus obscure des racines de ce lien en se demandant : comment crée-t-on les conditions pour le consentement ? Et comment se fait-il que ce libre consentement devienne la nourriture de la tyrannie ? La question est encore valable aujourd'hui. La tyrannie peut prendre la forme du roi, de la machine d'État impersonnelle, de la rationalité économique ou de la bureaucratie managériale... Mais la question demeure, elle traverse les siècles et suit l'évolution des sociétés modernes

1. Étienne de La Boétie, *Discours sur la servitude volontaire*, 1577.
2. *Ibidem.*

cheminant vers le néolibéralisme global. Qu'est-ce qui rend possible l'adhésion aux formes d'oppression propres à chaque époque ?

Bien avant la célèbre thèse de Foucault qui affirme que le pouvoir ne peut seulement s'expliquer par sa force coercitive et répressive, La Boétie écrivait déjà :

> « Ce maître n'a pourtant que deux yeux, deux mains, un corps et rien de plus que n'a le dernier des habitants du nombre infini de nos villes. Ce qu'il a de plus que vous, ce sont les moyens que vous lui fournissez pour vous détruire. D'où tire-t-il les innombrables argus qui vous épient, si ce n'est de vos rangs ? Comment a-t-il tant de mains pour vous frapper, s'il ne les emprunte de vous ? Les pieds dont il foule vos cités, ne sont-ils pas aussi les vôtres ? A-t-il pouvoir sur vous, que par vous-mêmes ? Comment oserait-il vous courir sus, s'il n'était d'intelligence avec vous ? Quel mal pourrait-il vous faire si vous n'étiez receleur du larron qui vous pille, complice du meurtrier qui vous tue, et traîtres de vous-mêmes[3] ? »

Il n'existe donc pas une force telle qu'elle saurait imposer par elle-même le pouvoir du roi, du père ou du maître, ni de tous ses ordres et ses lois. Comment se forge-t-elle alors, cette complicité dont parle La Boétie ? Et ne touchons-nous pas là justement à la plus obscure des problématiques de l'éducation, celle qui nous dérange le plus ?

On dispose aujourd'hui d'un éventail très large et sophistiqué d'expériences en psychologie sociale pour expliquer les logiques de l'obéissance, du consentement, de la servitude et des formes de désir qui leur sont associées. Avec des postures critiques et antiautoritaires, on a également dévoilé et combattu nombre des processus qui sont aux fondements des rapports de subordination. Mais La Boétie avance une idée qui renvoie à ce que Nietzsche allait développer plus tard, et qui va plus loin, parce qu'elle ne

---

3. *Ibid.*

rend pas seulement compte de la logique de la subordination, elle en désigne sa raison ultime, sa racine la plus obscure.

Ce que l'on n'a jamais eu ne nous manque pas, nous dit La Boétie. Nous sommes les héritiers des possibles que l'on efface, les fils et les filles d'une mémoire assombrie par l'évidence de la domination. Et ce, depuis toujours. Qui a été à l'origine de ce toujours ? Ce qui nous asservit par la force, ce n'est pas le tyran, mais la construction d'un oubli : on a oublié la possibilité même d'une liberté faite de liens entre égaux. La Boétie ne fantasme pas un passé mythique et n'en déduit pas une loi historique. Il se rapproche des pratiques, des arts et des manières de faire qui ont construit cet oubli : il parle de l'éducation, de l'habitude, de la lâcheté induite (la psychologie contemporaine parle de « vulnérabilité apprise »), des profits et des intérêts générés par la proximité du pouvoir... Différents phénomènes sociaux modifient notre perception des liens et de leurs conditions, rendant alors les subordinations inévitables.

Comment transmet-on un oubli ? Ce qui interrompt le cheminement vers la vraie connaissance, c'est la superstition, expliquera Spinoza un siècle plus tard. La superstition ne relève pas d'une impulsion atavique ou non-civilisée. Ce n'est pas la trace d'une culture ancienne. C'est une manière sophistiquée de détourner le désir qui, une fois advenu, se transmet et se reproduit dans le temps sous des formes diverses. Pour Spinoza, la superstition est le fondement opérationnel de la domination, en ce qu'elle asservit les affects et la connaissance à des rapports de crainte et d'espoir, c'est-à-dire, à un sens de la finalité entendu comme une récompense ou une punition, un succès ou un échec. Elle peut rester entre les mains des dieux, du hasard, de l'économie ou de l'humain lui-même, la logique est toujours la même : le pouvoir vient d'un quelque part qui détermine l'ensemble de nos relations et de leurs conséquences envisageables.

La superstition est la structure inversée du désir. Toute action et tout lien se retrouvent soumis à cette cause supérieure et à ses intentions. Nous disions que l'existence revient à pouvoir être et que ce pouvoir être a besoin d'être accueilli pour se déployer et élaborer une conscience de soi. La peur et l'espoir, d'un point de vue spinoziste, seraient les structures qui soumettent le pouvoir être à l'horizon d'une finalité imposée et sanctionnable. De ce point de vue, la servitude ne consiste pas à être un raté ou un perdant, mais au fait de se retrouver sous la domination des codes de la réussite et de l'échec. En ce sens, les récits de réussite sont toujours des récits de servitude, même lorsqu'ils semblent rendre compte de la maîtrise de son destin ou de celui des autres.

La servitude est une texture qui mélange de nombreux textes, celui des perdants et des gagnants, celui des dominés et des dominants, celui de ceux qui s'accrochent à leurs attentes et celui de ceux qui, étant déjà conscients de leur condition de déchet, les ont toutes laissées tomber. Comme disait et faisait Paulo Freire, apprendre à lire, ce n'est pas apprendre les lettres, mais apprendre à dire nos propres oppressions et pouvoir changer notre position dans le monde. Les textures de la servitude évoluent avec le temps, modifient leurs formes, leurs arts et manières de faire, mais non leur logique, qui repose toujours sur la construction d'un oubli partagé. C'est seulement par cet oubli que l'on peut considérer comme évidente, naturelle ou inévitable la construction des formes d'autorité.

La construction de l'autorité

Les enseignants ont-ils perdu leur autorité ? Les parents ont-ils perdu leur autorité ? Sans doute. Mais l'apprenant poserait la question suivante : est-ce là le vrai problème ? Et il ajouterait encore : même si les figures traditionnelles de l'autorité semblent avoir perdu de leur éclat, peut-on pour autant affirmer qu'il n'existe plus aujourd'hui de structures d'autorité ? Les figures du père, de l'enseignant, du maître ou du souverain s'évaporent. Elles n'incarnent plus la loi et ne semblent pas être en mesure de l'imposer, leur présence ressemble plutôt à une traînée de fumée, une image vide et chaque jour plus pathétique, se plaignant d'être elle aussi asservie aux caprices des lois, des ordonnances et des procédures.

Ce décor, où les figures du pouvoir deviennent spectrales et s'évaporent, a produit l'illusion néolibérale d'un système où « personne ne commande et tout le monde obéit ». La célèbre phrase du *Contrat social* de Rousseau semble décrire à la perfection le système de relations politiques et sociales propres aux sociétés contemporaines, mais d'une manière parfaitement perverse. Il s'agit d'un système de domination dissimulée où tout le monde fait l'expérience d'une oppression sans exactement savoir de la part de qui. Si personne ne commande, d'où vient-elle, la structure autoritaire à laquelle tout le monde se plie ?

Des recherches sur le capitalisme actuel le décrivent comme un système de vie bien plus épais qu'un simple dogme économique quelconque. Ces recherches reprennent toujours l'idée selon laquelle le pouvoir, dans le néolibéralisme, est une procédure. C'est une procédure qui donne forme aux subjectivités intimes et politiques et qui imprègne, de ce fait, ce qu'on a appelé depuis le début de ce livre, les « arts et manières de faire ». L'autorité ne s'exerce pas à partir d'un quoi, mais d'un comment. Même si des nouvelles limites et des confrontations nouvelles surgissent depuis quelque temps, les sociétés occidentales contemporaines ont fondé sur un double pacte la paix relative des décennies précédentes : socialement, le *new deal* apportait la paix sociale en échange d'une distribution de la richesse (par le biais des salaires, des droits et de l'état providence) ; culturellement, on peut aussi parler d'un *new deal* adoptant la forme d'une liberté d'expression (de culte, de recherche, d'opinion, etc.) en échange d'une standardisation des canaux institutionnels et des protocoles de fonctionnement.

Dans le milieu académique et éducatif contemporain, cette situation est évidente : on y trouve différents courants pédagogiques, des contenus et des programmes à la mesure des différents projets éducatifs et, dans une certaine mesure, une diversité d'idéologies, de valeurs et de propositions. Mais tout le monde respecte les mêmes contraintes, qu'elles soient bureaucratiques ou qu'elles encadrent l'évaluation des résultats et de leur traduction en paramètres de financement et de faisabilité. La nouvelle autorité est faite d'austérité, d'évaluation et de bureaucratie.

Le pédagogue nord-américain Noah de Lissovoy aborde la relation intrinsèque entre ces trois termes comme une matrice de pouvoir agissant sur l'ensemble de la société, mais dont les premières tentatives se produisent, d'abord, dans le domaine de l'éducation. L'austérité n'est dès lors pas une doctrine émergeant en temps de crise, elle relève d'une matrice pour organiser les politiques publiques et conditionner leur légitimité, matrice qui s'exprime par l'actualisation permanente d'une menace : la suppression d'un budget ou la réduction d'un financement. À quoi tient son exécution ? Cela dépend bien entendu des résultats qu'on pourra présenter à l'autorité administrative pertinente, qu'il s'agisse d'une administration publique, d'un système de crédit bancaire ou de subventions privées sous forme de mécénat ou de financement. Les résultats peuvent être des résultats académiques, des indices de productivité ou d'impact, des comptes de résultats... Tout ce qui compte, c'est qu'on soit en mesure de les quantifier à partir d'indicateurs communs, faisant abstraction de leurs contextes réels. C'est ce qui se passe aujourd'hui dans les écoles, dans les classements universitaires, dans des disciplines sans rapport les unes avec les autres, mais qu'il faut tout de même évaluer, etc. Dans le meilleur des cas, on y introduit des coefficients de correction ou de nivellement pour les plus défavorisés en créant des catégories spécifiques, qui délimitent des groupes sociaux ou des domaines particuliers de la connaissance.

On les retrouve ainsi stigmatisés comme les pauvres de la famille dans la grande course à la réussite. De Lissovoy parle d'une « pédagogie de l'austérité[4] » qui, loin d'être une pédagogie *povera*, agit selon la menace de la marginalisation au sein de ce terrain de jeu qu'est la richesse toujours croissante mais toujours insuffisante. Dans cette pédagogie de l'austérité, la punition n'est plus ce que le maître administre à l'élève, mais la menace que fait planer le gestionnaire sur eux, puisque l'absence de collaboration risque d'être pénalisante pour tous les deux. La même chose se produit dans le système culturel, dans celui de la santé ou au sein des organisations du secteur social.

L'alliance entre l'austérité et un système de redevabilité fondé sur la culture de l'audit et de l'évaluation constante universellement applicable nourrit une bureaucratie surdimensionnée qui impose ses propres méthodes, langages, catégories et technologies à tout le monde sans distinction. C'est un nouvel égalitarisme autoritaire dont on peut tous se considérer comme victimes mais qui, de fait, nous rend tous collaborateurs. On parle de « bureaucratie » et on pense aux comptables en costume gris, aux archives en papier qui s'empilent, aux systèmes totalitaires de la première moitié du XXe siècle... Mais la bureaucratie s'accroît et s'infiltre aujourd'hui dans tous les domaines de la vie, que ce soit sous la forme d'appels à projets sans fin, de logos bariolés, de pièces jointes, de signatures numériques, d'interminables feuilles Excel et de commissions où l'on ne sait plus ce que l'on y évalue mais où l'on sait qu'il faut toujours évaluer quelque chose. Toute personne travaillant dans l'éducation ou dans le domaine de la recherche académique sera d'accord, certainement, pour donner le nom de son pire cauchemar : la bureaucratie. La bureaucratie disciplinaire classique de l'État se superpose à une nouvelle

4. Noah de Lissovoy, *Education, Emancipation in the neoliberal era*, New York, Palgrave Macmillan, 2015, p. 12.

bureaucratie managériale et néolibérale. Ensemble, elles étendent les tentacules d'un monstre qu'il n'est plus possible de distinguer de notre propre travail et de nos préoccupations. Comme l'explique très bien De Lissovoy, cette alliance d'austérité, d'évaluation et de bureaucratie n'est pas seulement une méthode : c'est une « idéologie de l'impossibilité[5] » dont la conséquence, à partir de la dictature de ce qu'elle appelle les « résultats », consiste à encercler l'imagination et à l'enfermer dans une fable du succès, que ce soit un succès atteint, différé, ou jamais égalé. Dans le même sens, l'anthropologue nord-américain David Graeber, dans un des derniers livres qu'il a écrit avant de mourir, avait analysé la bureaucratie comme une activité productrice de « zones mortes pour l'imagination » organisant la bêtise et la violence structurelles constitutives de la société inégalitaire. La bureaucratie est « une sorte de guerre contre l'imagination[6] ».

L'autorité n'a donc pas disparu. Elle a été transférée de l'enseignement aux procédures. Dans cette transition, le processus de discrédit social, moral et économique des professeurs de tout niveau est le fruit d'une opération délibérée aux effets rapides. Cela a été, et reste toujours, une opération sur plusieurs fronts : la précarisation salariale et institutionnelle enclenchée par l'administration, la prétendue obsolescence technologique entraînée par les grandes entreprises du secteur numérique, les rapports concernant une innovation unidirectionnelle et encadrée par des groupes pédagogiques particuliers, les accusations de corporatisme toujours aussi faciles à dégainer...

Face à cette offensive, des voix se lèvent pour déplorer la perte et revendiquer la restauration d'une autorité des enseignants qui serait à même d'apporter une solution aux différentes crises

5. *Ibidem*, p. 29.

6. David Graeber, *Bureaucratie. L'utopie des règles*, Paris, Les liens qui libèrent, 2014, p. 82.

dont souffre aujourd'hui l'éducation. La posture qui consiste à défendre le retour de l'autorité des enseignants fait l'impasse sur la manière dont agissent les structures contemporaines de l'autorité et s'abrite derrière une conception nostalgique de l'autorité la rendant libre de pouvoir ou d'effets de domination. C'est une idée qui trouve sa source dans les postures philosophiques de certains philosophes allemands comme Hans Georg Gadamer ou Hannah Arendt, qui avaient apporté une réponse à l'autoritarisme de leur époque en le distinguant d'une conception de l'autorité fondée sur la reconnaissance du savoir comme lien avec le passé et la tradition :

> « L'autorité offre au monde la permanence et la stabilité dont les humains ont justement besoin parce qu'ils sont mortels, les êtres les plus instables et triviaux que nous connaissons. Si l'autorité est perdue, le fondement du monde est perdu[7]. »

Ce sont les mots d'Arendt dans son essai *Qu'est-ce que l'autorité ?*, où elle s'en prend à la confusion entre la tyrannie et l'autorité et défend un système d'obéissance permettant aux humains de conserver leur liberté en s'appuyant sur le caractère contraignant du passé et des fondements d'un monde commun. L'obéissance à l'autorité représente, pour Arendt comme pour Gadamer, une pratique de la raison et de la liberté soutenue par la supériorité de la connaissance.

Mais cette séparation entre pouvoir et autorité est une idéalisation des relations humaines. Ainsi que leur a rétorqué Jürgen Habermas, dans le cadre toujours du débat allemand (qui n'a rien de rhétorique, du fait de la proximité avec l'expérience nazie), « autorité et connaissance ne convergent pas[8] » puisque toute autorité repose sur deux éléments : d'un côté le fondement

7. Hannah Arendt, *op. cit.*, Paris, Gallimard, 1954.

8. Jürgen Habermas, *Logique des sciences sociales et autres essais*, Paris, PuF, 2005.

d'une connaissance déjà reconnue et de ce fait non-soumise à la réflexion critique, c'est-à-dire le préjugé et la tradition. D'un autre côté, l'autorité implique toujours « la menace potentielle de sanctions et la perspective de gratifications[9] ». L'autorité peut toujours, en dernière instance, récompenser ou punir, selon les paramètres préalablement établis pour la reconnaissance. C'est ce qu'on voudrait retrouver pour l'éducation ?

À la suite des réflexions de Hannah Arendt dans son livre controversé *La Banalité du mal* écrit à partir du procès d'Eichmann qu'elle a couvert, le psychologue social Stanley Milgram a réalisé en 1961 ses célèbres expériences à l'université de Yale, il y a testé la tension entre l'obéissance à l'autorité (ici scientifique) et la conscience morale. Est-il possible que l'obéissance à l'autorité annule la conscience jusqu'à pousser à commettre des actes nocifs, le meurtre de masse entre autres, à l'encontre d'autres personnes ? Comment l'explique-t-on ? Débordant ses propres attentes, Milgram a pu vérifier que, en effet, si le mécanisme de l'autorité est reconnu, les personnes peuvent agir contre leurs propres convictions de façon régulière et prévisible. Nul besoin de les menacer ou de les contraindre. Si un groupe de personnes se constitue en système, rompre avec son fonctionnement au moyen de la désobéissance deviendra l'exception.

L'autorité n'est donc pas la personne qui assume l'exercice de la force ou dont on reconnaît des qualités particulières. C'est la personne, le mécanisme ou l'institution à qui l'on octroie « le pouvoir de définir la situation[10] ». Obéir à l'autorité n'est donc pas seulement accepter un ordre ou suivre une norme ; c'est accepter la définition de cette situation et en intégrer le système de contraintes, de sorte que l'action en elle-même ne

---

9. *Ibidem.*

10. Stanley Milgram, *Soumission à l'autorité : un point de vue expérimental*, Paris, Calmann-Lévy, 1974.

sera plus perçue comme étant réellement une action personnelle. Milgram en conclut que le problème réside dans la structure d'autorité en elle-même, y compris quand elle n'agit pas de manière autoritaire. L'obéissance servile est l'effet d'une situation où le sujet se retrouve écrasé jusqu'à en être déresponsabilisé. Ce qui s'y passe relève donc justement de l'oubli de la possibilité d'être et de penser par soi-même avec les autres. Voilà la construction de l'oubli qui rend possible la servitude et dont la racine est plus profonde qu'une relation simplement psychologique ou interpersonnelle. C'est l'effet d'une situation où le sens est construit de sorte que ceux qui s'y trouvent soumis en viennent à oublier qu'ils pourraient en briser ou en changer le fonctionnement. Les expressions classiques du type « je ne faisais qu'obéir aux ordres » ne sont pas seulement l'apanage des corps hiérarchiques comme la police ou l'armée. En d'autres termes, lorsqu'on dit « les choses marchent comme ça », « c'est comme ça » ou « c'est parti pour durer longtemps » nous ne faisons que les reproduire et les réactualiser jour après jour, y compris sous notre régime contemporain de servitude adaptative.

Disruption et adaptation

Dans notre imaginaire, les systèmes d'autorité et d'obéissance, y compris dans des institutions comme la famille ou l'école, sont très anciens et renvoient au fonctionnement des sociétés disciplinaires fondées sur la hiérarchie, la rigidité des règles, la répétition et la normalisation comme procédures essentielles pour la construction de la docilité. Plusieurs de ces aspects n'ont pas encore disparu aujourd'hui, mais ils s'inscrivent dans une configuration plus complexe du pouvoir. L'alliance de l'austérité comme menace, de l'évaluation ou redevabilité comme système de contrôle et de la bureaucratie comme filtre, dessine un système où la continuité et le changement permanent s'accordent paradoxalement très bien. On pourrait dire que nous sommes passés d'une docilité productive, celle des sociétés industrielles et coloniales, à une docilité disruptive où ce n'est plus par une chaîne de montage ou de commandement que cela passe, mais par l'adaptation constante au changement et à l'incertitude, nouvelle forme d'obéissance.

Foucault décrit dans son livre *Surveiller et Punir* les mécanismes de ce que nous appelons ici « docilité productive ». Il explique comment, à partir du XVIIIe siècle, le soldat n'est plus seulement engagé mais fabriqué. De la même manière, le sujet, le travailleur, le citoyen, deviennent des figures à fabriquer par les institutions totales que sont l'école, l'usine ou l'armée. Par rapport aux précédentes formes de docilité, telles que l'allégeance et la vassalité ou bien celles qui sont pratiquées dans les ordres monacaux, la docilité productive possède la particularité d'être « un art du corps humain, qui ne vise pas seulement la croissance de ses habilités, ni non plus l'alourdissement de sa sujétion, mais la formation d'un rapport qui, dans le même mécanisme, le rend d'autant plus obéissant qu'il est utile et inversement[11] ». Il s'agit, dès lors, d'une docilité qui n'est pas l'effet passif du contrôle, mais un rapport de force paradoxal :

> « La discipline majore les forces du corps (en termes économiques d'utilité) et diminue ces mêmes forces (en termes politiques d'obéissance)[12]. »

Elle transforme donc en même temps le pouvoir du corps en une aptitude et en une relation d'assujettissement. Plus nous sommes capables, plus nous devenons assujettis. L'éducation obligatoire des États modernes européens et coloniaux a parfaitement exercé

11. Michel Foucault, *Surveiller et Punir*, Paris, Gallimard, 1993, p. 162.
12. *Ibidem.*

cet art de la docilité : elle émancipe pour mieux exploiter, elle éduque pour mieux soumettre.

Dans le capitalisme cognitif, ce rapport devient plus sophistiqué mais il est toujours là : plus nous sommes informés, plus l'actualité nous domine ; plus nous sommes connectées, plus la société de la consommation avec ses rythmes propres nous ligote ; plus nous sommes formés, plus nous devenons adaptés et crédules. L'accès à ce que l'on appelle la « connaissance » ne nous rend pas plus libres ou davantage à même de participer en tant qu'acteurs critiques et en égalité de conditions à la vie sociale. Comme les corps dociles de Foucault, nos esprits et nos cerveaux se retrouvent à la fois « soumis et exercés[13] ». Ce qui a changé dans le capitalisme actuel, c'est que le pouvoir politique et économique ne prétend pas fixer l'ordre ou le stabiliser. Le souverain, que ce soit un dirigeant politique, un directeur général, un chef d'entreprise ou un père de famille, décide et gouverne selon sa capacité à surveiller le désordre et à tout contrôler à partir de données à chaque fois plus nombreuses. L'ordre devient dès lors un régime de disruption quotidienne contrôlé au millimètre.

Disruption est un mot à la mode qui est plus qu'une mode. C'est un symptôme, un signal. Il s'est d'ailleurs également imposé dans le domaine de la pédagogie. Introduit dans son sens contemporain en 1995 par Clayton M. Christensen au sein du *Harvard Business Magazine*, ce néologisme renvoie à l'avantage, dans le domaine des affaires, suscité par une rupture ou une interruption soudaine. Si l'industriel cherchait la croissance et la prospérité par le biais de l'innovation, l'entrepreneur d'aujourd'hui cherche à renverser ce qui est établi afin de se positionner lui-même. La nouveauté ne réside pas dans le produit ou dans le service mais dans le domaine qui rend son irruption possible. C'est pourquoi il lui faut produire du chaos et de la confusion, faire exploser le

13. *Ibidem*, p. 162

domaine du pensable pour s'ouvrir à l'impensé. L'événement, toujours unique et exceptionnel, devient le centre névralgique de l'idéologie des affaires, de la politique et de la culture. Plusieurs domaines de notre vie sont imprégnés aujourd'hui par cette idéologie. Quelles formes d'obéissance découlent d'un ordre disruptif ?

L'État moderne, dont la subordination se faisait par la normalisation lorsqu'il apportait la paix en échange de l'obéissance, est devenu aujourd'hui un État d'exception permanente. Les urgences économiques, climatiques et sanitaires s'empilent et sont adoptées comme une nouvelle forme de normalité. Les décisions sur la vie personnelle et collective se retrouvent très souvent en suspens et s'installent dans l'irrésolu. Dans les différents domaines de la vie sociale, mais aussi dans l'éducation, on fait souvent beaucoup de choses qui n'apportent, en fait, aucune solution. C'est la gestion de l'irrésolu qui peut, au mieux, ralentir ou retarder l'avènement d'un problème plus grave. Cet état d'indétermination dans lequel on n'arrive jamais à savoir qui décide de quoi et jusqu'où, se déploie dans un continuum d'actions, normes, procédures, exceptions, etc. Il n'y a pas d'avant et d'après mais un temps flou, sans cap bien défini. L'expérience du confinement pour cause du covid-19 ainsi que les restrictions toujours changeantes qui ont organisé nos temps et nos espaces de vie en attendant l'apparition d'un traitement ou d'un vaccin sont paradigmatiques de cet état hyperactif en suspension, prolifique en termes d'ordonnances, d'interdictions et de déclarations, éloignant le problème sans l'attaquer à la racine.

Dans l'idéologie disruptive, la subjectivité contemporaine se construit comme une réponse permanente au changement de cadre. Réussir c'est s'adapter au mieux aux changements de situation. Si les cadres établis sont sans cesse en train d'éclater violemment, la meilleure action sera de se placer pertinemment entre ces ruptures et d'en tirer un profit. L'état d'urgence permanent mélange alors ces deux logiques : celle de l'obéissance/désobéissance et celle de l'adaptation/inadaptation. Dans un ordre nourri par le chaos, un système fondé sur la simple obéissance n'est pas assez efficace. L'obéissance traditionnelle exige une certaine stabilité dans les normes et une limite reconnaissable entre le dedans et le dehors de ce même système. Cela implique l'existence d'un exercice du pouvoir fondé sur un régime de distinctions clair et prévisible.

Lorsqu'en revanche c'est la disruption qui domine, on se retrouve face à une profusion de lois et de normes qui multiplient les occurrences et les occasions de désobéir, même sans le savoir. Le mélange des normes administratives, pénales, civiques, etc., rend très difficile d'identifier où commence la désobéissance. C'est la raison pour laquelle il ne suffit pas d'obéir, il faut s'adapter en permanence. C'est pourquoi tout le monde est aujourd'hui un désobéissant en puissance, un suspect avant même d'avoir agi ou d'avoir pris une décision quelconque, un inadapté qui ne veut pas l'être. Cette situation de double logique touche directement le système éducatif, et les apprentissages de manière générale. Il ne suffit pas d'être obéissant : le bon élève, le bon apprenant du système de la servitude adaptative, est celui qui répond le mieux et de la manière la plus créative et disruptive aux exigences d'un environnement changeant et imprévisible. Pour le dire plus facilement : ce n'est pas celui qui s'adapte le mieux à des circonstances qui ne changent pas mais celui qui sait faire de circonstances changeantes un répertoire d'opportunités.

Opportunisme, cynisme, peur

Le philosophe italien Paolo Virno a écrit un essai qui revient aujourd'hui et permet de réfléchir sur notre présent. Il s'intitule *Ambivalence du désenchantement : opportunisme, cynisme, peur*[14]. Dans cet essai, écrit au début des années 1990, Virno analyse la « situation émotive » de ce moment-là, ou, comme il le formulait aussi, les modes d'être et de sentir le présent. Le présent dont il parle est celui où se déploie le capitalisme postindustriel ou postfordiste. C'est-à-dire le moment où on chante les louanges de la flexibilisation, de la dérégulation, du travail dématérialisé et de la société de la connaissance. C'était le temps de la victoire officielle du capitalisme, de la dépolitisation et de la célébration stupide de la globalisation. Mais pour Virno, loin du triomphalisme mondialiste de ce moment-là, ce qui définissait les modes d'être et de sentir le présent c'était déjà le désenchantement, l'opportunisme, le cynisme et la peur.

Selon l'analyse de Virno, l'opportunisme, le cynisme et la peur ne sont pas des expressions émotives circonstancielles et purement psychologiques, elles relèvent d'un ethos profond qui devient commun aux domaines les plus variés de l'expérience : le temps de travail et celui de l'apprentissage, le temps du loisir privé et celui de la vie publique. La caractéristique de cet ethos est que « l'agitation productive actuelle profite, comme s'il s'agissait de la ressource la plus précieuse, de tout ce que le cadre de la modernisation produit comme effet : incertitude concernant les attentes, contingence des positions, identités fragiles, valeurs en transformation ». C'est-à-dire : l'expérience de l'incertitude n'est

14. Paolo Virno, « Ambivalencia del desencanto : oportunismo, cinismo, miedo », *Virtuosismo y revolución*, Madrid, Traficantes de Sueños, 2003, p. 45-75. Toutes les citations de Paolo Virno sont tirées de cet article.

pas seulement un effet collatéral des temps modernes, comme pouvaient le constater Baudelaire ou Benjamin, elle est réellement mise à contribution, c'est-à-dire qu'elle produit de la valeur et de la rentabilité. Ainsi, affirme Virno, le système actuel de production « met à contribution les états d'âme et les prédispositions générées par l'impossibilité de toute véritable tradition ». La tradition n'est pas alors entendue comme du folklore ou une autorité. Virno la conçoit comme une continuité des pratiques. Et il termine cette analyse en disant :

> « Le nihilisme, qui à un moment avait été l'ombre de la puissance technico-productive, devient après un ingrédient fondamental, une qualité très appréciée sur le marché du travail. »

L'instabilité stable et le déracinement comme situations ordinaires ne sont donc pas seulement des effets du système de production capitaliste, ils deviennent, dans leur évolution post-fordiste, des éléments essentiels, la matière première de son processus productif et de génération de la valeur. Pourquoi ? Parce que le système productif ne se fonde plus seulement sur la capture du temps de travail, comme à l'usine ou dans la production traditionnelle, mais sur la capacité de chacun d'entre nous, aussi bien au travail qu'en dehors du travail, à percevoir et à saisir les meilleures possibilités à l'intérieur d'un système d'opportunités interchangeables. Ce sont les prisons du possible. D'où la centralité de l'opportunisme. « L'opportuniste est celui qui fait face à un flux de possibilités interchangeables, restant disponible pour le plus grand nombre d'entre elles, se rangeant à la plus proche puis penchant finalement pour une autre » écrit Virno.

D'ici vient aussi la peur constante de ne pas bien y arriver ou la crainte que quelqu'un d'autre tire la meilleure épingle du jeu des opportunités. D'ici dérive le cynisme qui en découle. Le cynique est celui qui « renonce dès le départ à chercher un fondement intersubjectif de sa pratique, ainsi qu'à revendiquer un critère partagé d'évaluation morale ». Bien entendu, ce chasseur d'opportunités, que chacun d'entre nous est devenu en dedans et en dehors du temps de travail, ne peut pas accepter d'autres paramètres communs que sa propre réussite ou son échec. De ce fait, il ne peut pas comprendre la vie comme un problème commun ; elle est un jeu contre les autres dont il veut sortir vainqueur. N'est-ce pas le portrait du personnage qui est censé nous aider à passer chacune des crises que nous traversons et que nous cumulons ? N'est-ce pas le sujet vers lequel sont projetés les actuels modèles d'éducation et de travail ? Dans la contingence extrême d'une réalité faite de possibilités abstraites, il ne nous reste que la défaite ou la victoire... en solitaire. Ce personnage, avec son opportunisme, son cynisme et sa peur, est l'atrophie perverse de l'idéal moderne d'autonomie personnelle. Qu'il s'agisse d'un entrepreneur ou d'un travailleur précaire menacé d'insignifiance, il est chacun de nous lorsque nous réduisons l'existence au tableau d'opportunités d'un jeu où nous pouvons perdre ou gagner.

Si cette manière d'être et de ressentir, comme le dit Virno, ne relève pas d'une situation psychologique circonstancielle mais d'un nouvel ethos qui concerne tous les domaines de la vie, est-ce que cela veut dire que c'est irréversible et qu'il n'y en a pas d'autre possible ? La thèse que Virno défend dans son essai consiste à dire que c'est à la fois irréversible et ambivalent. Le même déracinement qui nourrit le système de production actuel est aussi la base, selon lui, d'où pourrait partir l'exode vers d'autres praxis, vers d'autres manières d'entendre l'activité et vers la création de domaines d'expérience capables d'articuler des contextes et des mondes habitables. L'exode ne renvoie pas à la création d'un nouveau monde à partir d'une terre vierge. Apprendre à vivre ensemble n'est jamais un retour à la case départ, même juste après la naissance. Ce que Virno appelle l'« exode » est la possibilité de ne pas nier mais plutôt de développer par le conflit notre ethos contemporain. C'est en cela que consiste l'« exode vers un lieu habitable, qu'il faut construire à chaque fois avec son activité propre ».

Lettre aux étudiants

La confrontation à cet ethos commence par une confrontation avec soi-même. Il y a quelques années, j'ai écrit une lettre à mes étudiants en philosophie. Je faisais des allers-retours entre Barcelone, mon lieu de résidence, et Saragosse, où je donnais des cours à l'université. L'effort du voyage rendait plus intense mon sentiment de routine en classe : j'arrivais, j'entrais, j'ouvrais les volets, je commençais les cours, je sortais, etc. La crise de 2008 se faisait sentir à l'université publique depuis déjà trois ans, notamment dans les nombreuses vies interrompues de ceux qui y suivaient leurs études ; mais également sur les vies précarisées d'une part importante des enseignants. À quelle obéissance répondaient nos mouvements routiniers ? Et pourquoi me faisaient-ils ressentir une étrange et profonde honte ? Lors d'un de mes retours en train, je leur ai écrit ces mots :

Lettre à mes étudiants de philosophie (et à ceux qui éprouvent la honte de continuer à obéir)

Il y a tellement de choses à dire et à penser à propos des transformations actuelles de l'université que je ne sais pas par où commencer. Ainsi, j'ai décidé de le faire par ce qui me semble être le plus concret et le plus urgent : vous. Vous qui êtes assis devant moi tous les mardis et tous les jeudis à quinze heures trente, à l'heure où votre ville semble apaisée pendant la sieste.

Pourquoi venez-vous en cours ? Je me le demande tous les jours quand je vous vois arriver, l'un après l'autre, et que vous prenez votre place, toujours au même endroit, sans que personne ne vous l'ait demandé : ni de revenir, ni de vous asseoir à la même place.

C'est le même rituel tous les jours. Entrer en cours progressivement, remonter les volets, ouvrir les fenêtres, enrouler l'écran qui recouvre le tableau et échanger quelques commentaires avant de commencer l'explication. Je vous raconte des choses sur l'Orient, j'essaie de renverser les préjugés de la philosophie, je trace des lignes de fuite vers les impensés et je vous propose des chemins de retour qui ne seraient plus les mêmes, comme nous non plus ne le sommes plus. Je vous propose des débats, des lectures en groupe, des séminaires à partir de vos recherches. Vous me suivez, vous faites tout ce que je vous demande : écouter, prendre des notes, commenter les lectures, échanger lors des débats. Vous allez présenter votre mémoire le moment venu. Je sais bien que c'est le principe et que c'est ce qu'il faut faire, matière après matière, selon les horaires qui rythment la semaine et donnent une forme à votre vie d'étudiants. N'est-ce pas ainsi depuis toujours ?

Si je vous écris, et si c'est urgent, c'est parce que maintenant n'est pas toujours. Même si nous entrons dans la même salle de cours, même si nous connaissons le rituel, nous marchons désormais dans une réalité qui n'est plus la même et dans laquelle notre rencontre hebdomadaire est devenue, tout simplement, une forme d'extravagance. Nous sommes décalés, nous transitons hors-piste et il nous reste sans doute peu de temps. Je ne m'inscris pas dans une dérive apocalyptique ou un victimisme anti coupes budgétaires. C'est que l'université vogue en silence depuis des années vers une radicale transformation, selon une feuille de route qui ne nous inclut pas. Les intellectuels se plaignent, impuissants et nostalgiques. Nous, professeurs et étudiants, conjurons la peur du changement en faisant semblant de ne rien voir, obéissant tel des automates aux règles mortes d'une institution qui ne vous offrira rien d'autre en échange qu'un diplôme dévalué dans un pays en faillite où vous êtes directement en trop ; vous et 50 % des jeunes qui ne trouvent rien à faire. Notre obéissance me fait honte.

Nous n'avons que deux options : nous pouvons quitter ces lieux, nombreux sont ceux qui le font, ou nous pouvons faire de notre extravagance un défi. Un défi à quoi ? À la rationalité instrumentale et calculatrice qui colonise nos vies à mesure qu'avancent les effets de la dépossession à laquelle nous sommes soumis. Nous sommes en train d'être expropriés de nos biens communs et de la richesse collectivement produite. Mais nous sommes aussi en train d'être expropriés de nous-mêmes, de nos valeurs, de nos paris et de nos convictions. La crise ne nous rend pas seulement plus pauvres, elle nous rend aussi plus misérables. Que ce soit clair : en termes comptables, la valeur que vous allez tirer de cette licence est nulle. Mais la richesse que vous pouvez en tirer, si vous le voulez, deviendra inépuisable. Le rendement ne dépend pas de vous. La richesse, oui.

Dans les années 1960, une bonne sœur et artiste américaine, Sister Corita, a affiché quelques règles à l'École d'Art de l'Immaculate Heart College. Elle invitait ses étudiants à faire confiance, expérimenter, être disciplinés, chercher des bons exemples à reproduire, ne rien gaspiller, se réjouir et travailler, travailler et travailler. Elle les invitait, en outre, à écrire d'autres règles la semaine suivante. Je vais essayer maintenant, non une semaine mais plus d'un demi-siècle plus tard, d'en écrire quelques-unes nouvelles pour nous. Je vous invite à les reprendre pour les réécrire quand cela vous semblera pertinent.

1. Cherche ce qui te tient à cœur et aborde-le comme une fin en soi. Tout ce que tu instrumentalises risque de finir par t'instrumentaliser.
2. Ne gaspille pas le temps et ne le fais perdre à personne. Prends-le en toute considération, le tien et celui de ceux qui le partagent avec toi.
3. Ne t'épargne aucun effort. Laisse-toi porter par l'exigence la plus grande que tu puisses te donner plutôt que par les attentes de ce que tu pourrais accomplir.
4. Évite les distractions inutiles. Ne te repose pas sur l'image de l'être débordé, « désespéré », dépassé par les circonstances. Elle est ridicule.
5. Crois en ce qui te fait vivre et, si tu peux, partage-le.
6. Si tu n'as pas de grandes résolutions, cherches-en une petite et suis-là jusqu'au bout. Tu verras qu'elle te conduira loin.
7. Oublie les mots qui s'adaptent trop bien au bruit assourdissant et anesthésiant. Cherche plutôt ceux qui fracassent, aux risques de devoir te taire.
8. Augmente tes connaissances sans réduire tes questions.

9. Pense à la manière dont tu vas gagner ta vie. C'est une question importante. L'argent se paye avec la vie.
10. Et comme dit Corita, réjouis-toi dès que tu peux. C'est plus simple qu'il n'y paraît.

Entre Saragosse et Barcelone,
le 29 novembre 2012.

Chapitre 8

L'alliance des apprenants

Dans une de ses nouvelles, l'écrivaine autrichienne Ingeborg Bachmann rend compte, de manière brutale mais retenue, de la tragédie de l'éducateur. Elle le fait par la voix d'un père qui avoue son échec dans la volonté de faire de son enfant, Fipps, un « homme nouveau ». L'échec va au-delà d'un constat objectif. Il le rend incapable d'aimer son fils, même lorsque celui-ci meurt lors d'un accident pendant une randonnée. « Tout », le titre de la nouvelle, contient d'emblée cette volonté totalisatrice du père cherchant à *tout* recommencer.

> « Je n'ai pas prétendu que Fipps était plus intelligent que nous. Je n'ai pas non plus prétendu qu'il m'aimait : il n'était pas nécessaire qu'il m'obéisse, qu'il fasse ma volonté. Non, ce que je voulais... C'était qu'il recommence à zéro, qu'il me montre d'un seul geste qu'il n'était pas obligé de répéter nos gestes[1]. »

Fipps pouvait devenir un homme nouveau si son père parvenait à lui « léguer un monde dégagé et sans aucun sens préexistant[2] ». S'il taisait les noms des choses et qu'il ne lui apprenait pas à se servir des objets. C'est ainsi que le sens, délivré de son lest, pouvait à nouveau être créé. Avec cette théorie wittgensteinienne du langage de base, on débouche aussi sur un message religieux qu'on connaît fort bien : le monde pourrait être racheté par un

1. Ingeborg Bachmann, « Tout », *La Trentième année*, Paris, Seuil, 2010.
2. *Ibidem*.

enfant. Mais ce salut ne se produira pas. Le sens ne s'interrompra pas et il ne pourra pas être recréé. Le langage, on l'apprend, et chacune de nos manières de faire, répétées, font de la réalité une expérience connue. Une fois lancée dans le monde, le père n'est plus en mesure d'aimer sa créature et il l'abandonne : encore un archétype de notre culture, depuis Dieu notre père jusqu'à Frankenstein. L'éducateur ne parvient jamais à créer son œuvre en partant de zéro et il doit l'inscrire dans un monde qu'il ne saura jamais parfaitement reproduire à son image. La conséquence en est l'abandon ou le rejet. La condition qui en découle, le désamour. L'apprenant se retrouve condamné à démontrer, jour après jour, qu'il mérite d'être aimé et qu'il ne peut pas l'être. Loin de toute forme de liberté, il se retrouve dès lors attaché par et à son besoin de reconnaissance.

Le mythe de la fabrication

La fiction pédagogique de l'homme nouveau, ou premier homme, est une incarnation du mythe de la fabrication qui parcourt la culture occidentale depuis Adam jusqu'à l'*Émile* de Rousseau et qui prend de nos jours la forme d'une réinvention permanente de soi. « Je me suis recodé le cerveau », disait Barbara Oakley. Lorsque la figure de Dieu, ou du père, disparaît, nous devenons nous-mêmes l'objet de notre propre création. C'est pourquoi les thérapies focalisées sur l'estime de soi comme pratique acquièrent une si grande importance. Mais cette fiction pédagogique, et toute l'arrogance qu'elle contient, se retrouve aussi aux fondements de la frustration de l'éducateur, toujours confronté aux déficiences de son œuvre qui se retrouve, en outre, contaminée par le monde qu'il voudrait refouler et recréer. Dans le livre *Frankenstein pédagogue*, Philippe Meirieu analyse comment les différentes figures de ce mythe (Frankenstein, mais aussi Pygmalion, le Golem, Pinocchio, etc.) sont au centre d'une pédagogie conçue comme l'aspiration pratique et scientifique à construire des humains répondant à certains modèles, valeurs et attentes. Accéder au secret de la fabrication revient à se sentir démiurge, mais c'est aussi une fiction qui cherche à apaiser cette inquiétude que nous nous transmettons les uns aux autres. Comme l'écrit Meirieu, les créatures ne se laissent pas dominer si facilement par leurs créateurs. L'importante littérature autour de ces mythes ou de ces personnages en est le meilleur témoin. Et ce n'est pas parce qu'ils sont rebelles par définition, mais parce que, en dernière instance, il n'y a pas une définition unique de l'humain ni une formule unique pour sa fabrication. La formule c'est qu'il n'y a pas de formule, seulement de l'inquiétude. Des formes inachevées qui donnent à l'effort de vivre un accueil toujours tâtonnant. C'est pourquoi Meirieu propose une pédagogie fragile, orientée vers la possibilité d'offrir des outils et de proposer des conditions, afin que des existences différentes puissent intégrer un monde ou un environnement commun.

L'autre visage de cette pédagogie fragile est celui des utopies éducatives, à commencer par la *République* de Platon. Leurs idées ne rentrent pas dans la réalité historique. Elles n'ont que leurs principes comme point de départ et ne tiennent que sur les bases de leur propre fiction. L'exemple de l'*Émile* de Rousseau en est le paradigme. La rencontre de l'être humain avec sa condition naturelle, que Rousseau recherche, relève d'une construction littéraire qui défend son caractère doublement fictif: Émile est une hypothèse, un être issu de nulle part, orphelin, sans parents, liens ou héritage et en parfaite santé pour ne rien devoir à la mort. Sa vie est donc une fiction qui ne s'occupe pas de son application en pratique dans la vie. C'est la seule manière, pour Rousseau, d'imaginer la rencontre parfaite entre nature et liberté. Ce n'est que par l'utopie que l'on peut rebrousser le chemin de l'oubli où la société a planté les bases de l'inégalité et de la domination.

Malgré toute la puissance culturelle et historique qu'il a acquise, ce regard se heurte cependant à une limite : soit on le cantonne à la fiction utopique, soit il tombe dans la frustration historique, que cela relève de la frustration personnelle du conte de Bachmann, ou de la frustration collective de l'action révolutionnaire en quête d'un homme nouveau. Dans quelle mesure peut-on contraindre le peuple à la liberté ? et en effacer le passé pour qu'il recommence, libre de domination ? s'interrogeaient déjà les idéologues de la révolution au XIXe siècle. La pédagogie est à même de partager le rêve messianique de la révolution : briser le cours de l'histoire pour tout recommencer. Comme le père de Fipps, elle tombe aussi dans l'illusion selon laquelle chaque être humain qui arrive au monde est un être radicalement nouveau qui peut écrire son histoire sur une peau vierge.

Le problème de l'éducation est plutôt celui d'une montre qu'on voudrait réparer sans l'arrêter. Son temps est en marche et chaque nouvelle année, comme chaque nouvelle vie qui vient au monde, est toujours en cours. Comment faire advenir un temps différent dès lors que nos horloges ne s'arrêtent pas ? Comment faire advenir un « homme nouveau » dans la cité où nous habitons déjà ? Comment identifier le « premier » dès lors qu'il est toujours le fils des décisions qu'il n'a pas prises et qu'il s'inscrit dans des relations qu'il n'a pas choisies et qui le contraignent ? À l'école des apprenants, il n'y a jamais de premier jour mais toujours un jour suivant. Notre lieu de rencontre pour devenir des apprenants et pouvoir nous poser, ensemble, la question *comment veut-on être éduqués ?* n'est pas un laboratoire ou une usine de production d'êtres libres. À l'école des apprenants, se libérer de la servitude n'est pas la proposition d'un produit ou d'un but à atteindre. Ce n'est pas un départ à zéro, mais une mise en tension des limites propres à toutes les formes d'apprentissage : comment apprendre librement dès lors que nos vies ne sont pas complètement libres ? Comment être accueillis par ceux qui nous précèdent sans nous aliéner la liberté ? Il n'y a pas de formule magique pour y répondre. L'émancipation n'est pas une méthode. C'est un contretemps, un paradoxe qui met en pratique un impossible : rendre égaux les inégaux.

L'alliance des apprenants est un contre-mythe ou une anti-utopie. Elle ne cherche pas à concurrencer les grands projets de création de l'« homme nouveau », ne veut pas rivaliser avec les techno-promesses du post-humain, elle ne cherche pas non plus à rajouter une Arcadie pédagogique de plus à celles déjà pensées. Elle est une idée qui ne se projette pas sur un modèle mais qui se concrétise dans un changement de perspective, dans une action ferme qui modifie l'expérience de l'apprentissage et de son régime d'attentes actuelles. Elle a du sens lorsqu'elle rend égaux les inégaux par une alliance qui transforme l'éducation en art de réunir les existences d'âges, trajectoires et conditions différentes, dans une action les rendant égales sans les assimiler ou les standardiser : il s'agit de prendre ensemble le risque d'apprendre. C'est-à-dire, apprendre les uns avec les autres et les uns des autres à partir de la conscience de ce que nous savons et de ce que nous ne savons pas. Voilà le noyau de l'éducation comme poétique et comme politique de l'existence. Poétique parce que recréation d'une sensibilité noyée dans l'oubli et dans la superstition, et politique parce que cette création se produit dans un rapport antagonique vis-à-vis des relations de domination déjà présentes.

1. L'alliance des apprenants est une rencontre

L'alliance des apprenants n'a pas de page blanche pour écrire une lettre fondatrice. Pas de peau vierge, ni de monde dénudé de ses significations. Elle ne commence jamais à zéro, parce qu'elle est la suite d'une rencontre. La rencontre ne se fabrique pas, elle ne se planifie pas non plus. Elle arrive lorsqu'on accepte de se retrouver pour élaborer le sens d'une situation. De quoi est-elle constituée ? Comment y parvient-on ? Et que serons-nous devenus après ? La question de comment on veut être éduqués ne se pose jamais dans le vide, elle prend appui sur ce qui existe déjà et sur ceux qui sont déjà là. Elle ne façonne pas des objets, elle relie et libère des vies en cours.

C'est pour cela que l'alliance des apprenants ne choisit pas son peuple, elle ne segmente pas les identités pour qui elle travaille, ne choisit pas une cible d'âge, de genre, de classe sociale ou de penchant idéologique à laquelle elle s'adresserait. Elle accueille, elle redéfinit et elle transforme. Cette réceptivité est le contraire d'une relation servile et adaptative à la réalité. La rencontre des apprenants ne s'adapte pas au sens d'une situation, elle produit la situation. La rencontre en elle-même est la situation qui invente et qui découvre son propre sens.

Se retrouver ne se réduit pas à simplement être ensemble. Ce n'est pas non plus une simple collaboration, ou la mise en place de projets de groupe. Une grande partie de l'activité pédagogique contemporaine n'est rien d'autre qu'un faux-semblant de collaborations qu'on transpose après au monde du travail sous la forme de méthodologies vides, nous faisant croire à un faire-ensemble. Loin de la soumission à la reconnaissance et aux faux-semblants de collaboration, l'alliance des apprenants, au contraire, rend possible la formation de liens entre des inconnus, sans effacer leur étrangeté mais en l'accueillant pleinement.

L'alliance des apprenants est donc une alliance entre inconnus qui fait de l'éducation et de la culture une expérience de l'étonnement. Se retrouver entre inconnus pour apprendre ensemble revient à se retrouver, aussi, face à tout ce que nous ne savons ni ne comprenons pas au sujet des autres, des êtres et des choses qui nous entourent. L'incompréhensible nous colle toujours à la peau, il stigmatise et rend honteux ; exploite, codifie et détruit.

Apprendre, nous le disions, c'est aussi apprendre à ne pas savoir, prendre soin de l'ombre, du manque, du vide. Accueillir la distance est une forme de proximité.

2. L'alliance des apprenants est fondée sur l'estime réciproque

Toute institution sociale de notre époque aura tendance à devenir un espace pour la circulation. C'est une évidence en ce qui concerne les activités explicitement marchandes et commerciales. Leur raison d'être est la circulation, le plus vite possible. À plus de circulation, davantage de valeur ajoutée. Mais on le voit aussi de plus en plus dans le cadre des relations personnelles ou de la vie culturelle et politique. Même la vie psychique et la vie intime demandent à être constamment stimulées par des nouveautés, des mouvements, des interactions et des relations de passage. Les actuelles politiques éducatives renforcent très souvent aussi cette culture de la circulation, à la fois pour des raisons quantitatives (davantage d'étudiants qui circulent revient à davantage de clients qui payent) et pour des raisons idéologiques : on conçoit l'apprentissage comme une pratique dont l'objectif principal et d'apprendre à se déplacer facilement dans des entourages complexes et changeants. Or la circulation est l'antithèse de la rencontre : c'est une manière d'être ensemble qui n'offre pas de place pour se retrouver, se découvrir ou se manquer. La rencontre commence à devenir rencontre dès lors qu'une forme quelconque d'estime réciproque émerge de l'expérience de l'étonnement. Ceux dont l'affection est réciproque ne passent pas à côté les uns des autres. Apprécier revient à estimer, pour faire en sorte que chaque relation génère sa propre valeur et sa raison d'être.

Le tournant émotionnel de l'éducation a mis les affects, ainsi que les émotions reliant personnellement élèves et enseignants, au centre. L'estime réciproque, cependant, n'a pas besoin de psychologiser les émotions ni de tout conditionner à un affect personnel. L'affection, en tout cas, est une conséquence de l'apprentissage : nous aimons ce que nous apprenons dans le plaisir et il devient inévitable d'éprouver une forme d'estime envers ceux avec qui nous apprenons des choses intéressantes. Mais cela ne peut pas constituer le but de l'éducation, même pas entre parents et enfants. Les parents n'éduquent pas leurs enfants pour être aimés mais pour qu'ils puissent avoir une vie pleine, pour les voir devenir. Les enseignants n'éduquent pas leurs élèves pour qu'ils les aiment, ils seront aimés s'ils leur ont appris à être libres.

L'estime réciproque n'est pas l'expression d'une affection entre individus ; c'est une relation entre personnes pouvant s'attribuer de la valeur les unes aux autres, à partir des relations concrètes, des matières et des entourages avec lesquels ils ont à faire. L'estime réciproque ne répond pas à des classements ou à des valeurs préétablies. Au-delà de la collaboration, qui porte l'idée d'une entraide, l'estime réciproque est la création d'une valeur qui n'existait pas auparavant. C'est une relation d'égal à égal partant de réalités qui, elles, sont inégales. Grands et petits, parents et enfants, chevronnés et débutants, experts et apprenants... Nous savons, nous vivons ou nous méconnaissons des réalités diverses selon l'âge, l'expérience, le contexte social... Cette inégalité est au fondement de toute relation d'apprentissage. Elle doit cependant avoir comme effet une égalité de valeur. « J'apprends avec toi si tu apprends avec moi. » Cette déclaration implicite bloque le pouvoir de destruction de la honte et la menace d'insignifiance qui planent toujours sur l'apprenant. Une pédagogie émancipatrice est celle qui nous rend également dignes de nos savoirs et de nos apprentissages. Cette valeur ne peut pas être établie de manière unidirectionnelle, elle demande une forme de réciprocité. Elle ne peut pas, pour cette même raison, être auto-attribuée comme prétendrait le faire aujourd'hui le mythe narcissique de l'auto-éducation. Dans l'estime réciproque, tout le monde n'est pas objectivement égal mais la figure de l'autorité n'y trouve plus de place : elle est combattue quand elle s'impose, inutile si elle se propose.

3. L'alliance des apprenants agit par composition

L'alliance des apprenants ne produit pas un ensemble uni, elle agit par composition. Historiquement, les systèmes éducatifs se sont donnés comme but d'unifier l'expérience du groupe. Qu'il s'agisse de l'expérience du groupe des disciples (un enseignant, une école ou un ordre religieux, etc.), du groupe social (selon des strates, des métiers, des attentes) regardant les identités sexuelles ou de la construction de l'unité politique et culturelle du peuple en nation.

On peut, en revanche, réfléchir à l'alliance des apprenants comme une composition ouverte de formes de vie. Une composition n'est pas une simple juxtaposition. Il ne s'agit pas d'additionner les différences ou d'en collectionner les représentations, comme le fait le multiculturalisme. Il ne s'agit pas non plus de se laisser piéger par la fiction pseudo-démocratique qui réduit toute prise de position à une opinion d'égale valeur, c'est-à-dire sans aucune valeur. Une composition, comme pour la musique, est une réalité nouvelle qu'on génère à partir des relations qui la composent. Elle ne les assemble pas, elle les accueille et les situe entre elles selon des rapports de sens.

La philosophie, comme l'art, possède une tradition perspectiviste selon laquelle la vérité n'est pas la représentation de la totalité des objets (visibles ou pensables), mais l'ensemble de points de vue qu'ils établissent entre eux. Le perspectivisme n'est pas un relativisme, une façon de se défausser selon la grille avec laquelle on le regarde... Au contraire : c'est l'exigence de devoir situer son propre point de vue parmi d'autres, c'est-à-dire, là où il se construit avec les autres qu'il croise. L'éducation en ce sens est un perspectivisme existentiel, parce qu'accueillir l'existence n'est pas faire entrer un objet nouveau dans un système déjà mis en place, mais travailler les perspectives nouvelles ouvertes par chacune des rencontres possibles. Quels savoirs convergent ? Quels problèmes, quelles pratiques, quels silences et quelles histoires ?

Il en découle que l'alliance des apprenants ne génère pas un ensemble uni, mais un champ de tensions à la fois plurielles et antagoniques. Le pluralisme épistémologique est une position critique qui assume pleinement l'idée selon laquelle la connaissance, pour être valide, doit faire justice à l'ensemble de formes de connaissance possibles. C'est ce qui a été développé par des penseurs comme Bonaventura de Sousa Santos, entre autres, qui revendiquent une écologie des savoirs décentralisant les formes de la connaissance du nord global et de ses manières d'exclure et d'invisibiliser d'autres formes d'expériences. Cette justice épistémologique n'est pas une opération salomonique partageant en petits morceaux la connaissance entre ses intéressés, au prix de son existence même, mais une expérience du conflit entre des mondes, ce qu'est toujours la société. Apprendre les uns avec les autres revient nécessairement à participer de ce conflit entre des mondes.

4. L'alliance des apprenants génère un environnement

La composition de perspectives, savoirs et antagonismes accueille l'existence parce qu'elle produit un environnement où l'on peut devenir. Fernand Deligny, on l'a vu, utilisait un verbe à l'infinitif, *permettre*, comme une clé pratique, politique et poétique ouvrant à une manière d'être ensemble sur un seuil. Mais nous sommes en mesure de comprendre maintenant que ce seuil n'existe pas, disponible quelque part comme un lieu où l'on arriverait et on pourrait rester. Il est la composition d'un environnement.

De quoi est fait un environnement ? Ce n'est pas seulement l'ensemble des circonstances ou des conditions externes qui a une influence sur le développement d'un être humain. Ce sont aussi les activités, les liens que ces êtres entretiennent entre eux, et avec leur entourage. L'environnement éducatif ne se réduit donc pas au système éducatif. Il le traverse et le déborde. Le problème est que si nous disposons de repères pour reconnaître les institutions du système éducatif, il nous en manque pour percevoir les nombreuses autres réalités qui composent ces mêmes environnements. La ville éduque, les médias éduquent, la famille éduque, les plateformes numériques éduquent, etc. Mais ce ne sont que des émanations des scénarios où l'on voit défiler nos relations affectives, sociales et culturelles. Quand on dit que l'alliance des apprenants génère un environnement, nous renvoyons à autre chose : à l'ensemble de repères communs qui nous permettent de comprendre ce que veut dire apprendre les uns des autres, dans l'estime réciproque.

Un exemple intéressant d'invention d'un environnement éducatif dans le cadre de la culture occidentale moderne est ce qu'on pourrait appeler la « communauté des lecteurs ». La lecture n'est pas une activité évidente. Elle rompt avec le fil millénaire de l'oralité et de ses formes de communauté. Avec l'écriture est d'abord apparue la question « Qui peut écrire ? ». On établit alors le pouvoir des scribes, ceux qui peuvent prendre en note les activités de la communauté (commerce, organisation sociale, lois, chroniques, livres sacrés...). De l'Orient à l'Occident, l'écriture possède dans un premier temps un pouvoir plus grand que la lecture. À mesure que le livre devient un objet reproductible et accessible, la communauté liée aux archives et aux livres sacrés se multiplie et une nouvelle figure apparaît : la communauté des lecteurs. Qui peut lire ? Cette question opère un premier partage entre ceux qui ont accès à la parole écrite et ceux qui ne l'ont pas. L'analphabétisme est une production sociale d'exclusion qui n'aurait pas lieu dans un régime culturel différent.

Mais avec la lecture de plus en plus répandue apparaît aussi une autre question : qui lit qui ? La communauté des lecteurs n'est plus ici l'ensemble de ceux qui se soumettent à la lecture d'un même livre, ou canon, mais de ceux qui peuvent se lire les uns aux autres. Ainsi vécue, la lecture sabote le monopole sur la lettre écrite et réinvente la communauté, en la désamorçant de ses formes de représentation unifiées. Qui suis-je pendant que je lis ? Qui sommes-nous quand nous lisons ? L'élément le plus saillant de la communauté de lecteurs concerne cependant l'impossibilité de savoir vraiment ce qu'on a lu ou ce que les autres réussiront à lire. C'est ainsi que la lecture désamorce la communauté, la rendant irreprésentable, incontrôlable, indisciplinée. La solitude et la complicité tissent une alliance. L'alliance des apprenants-lecteurs est faite de ceux qui n'ont pas peur d'être tout seuls parce qu'ils peuvent découvrir librement leurs complicités. Ceux qui sont en train de se lire librement les uns aux autres n'agissent pas dans le sens d'une communauté déjà instituée. Ils en composent des nouvelles en permanence. C'est pourquoi ils font peur. Et c'est pourquoi le pouvoir travaille toujours à neutraliser les effets indisciplinés de la lecture, en essayant d'en codifier les sens.

Dans le cadre de la culture occidentale, cela s'est produit de manières diverses : par l'utilisation de la lecture pour la transmission d'un dogme ou d'une vérité révélée (le livre sacré), par la transformation de l'accès à la lecture en une question de statut social et culturel (école), par la conception de la lecture comme une affaire réservée aux experts (académie) ou la mettant à disposition des dynamiques de consommation et de la mode (marché). Dans tous ces cas, la neutralisation du pouvoir de la lecture passe par la réduction de la communauté des lecteurs à la communauté de ceux qui se reconnaissent dans la lecture d'un même livre. La lecture agit alors comme un code pour la reconnaissance et, de fait, pour l'exclusion. Elle n'est plus, dès lors, un environnement ou une composition ouverte ; elle agit comme un système social, politique et culturel qui organise et hiérarchise les différences.

L'expérience historique de la communauté des lecteurs nous permet de poser la question suivante : comment générer des référents communs sans homogénéiser ni codifier l'expérience ? Le marché y répond par la mise en place de codes ciblés pour la consommation ; l'éducation le fait, de plus en plus, par la personnalisation des options d'apprentissage. L'école des apprenants, en revanche, parce qu'elle naît de l'alliance entre des inconnus, le fait d'une autre manière. Elle élargit et radicalise la question sur la communauté des lecteurs et la dépasse : qui apprend de qui ?

5. L'alliance des apprenants rend égaux les inégaux

Rendre égaux les inégaux n'est pas une utopie. C'est le sens d'une situation où nous sommes des apprenants, les uns avec les autres, et que de cette rencontre émerge un environnement fondé sur l'étonnement et l'estime réciproque. L'école des apprenants n'est donc pas une institution alternative, qui se retrouverait aux marges du système pour créer une bulle pour quelques-uns, ni un modèle d'institution future, qui serait en dehors du temps et de l'espace. C'est une manière de changer l'expérience du temps et de l'espace présents, et des formes que nous avons de nous prêter attention les uns aux autres. L'égalité des inégaux est, dès lors, le contretemps qui change les horloges qui ne peuvent plus être arrêtées ; les espaces en ville où nous vivions déjà ; l'héritage de nos cultures et les rapports sociaux qui nous conditionnent. Tout ordre social est fondé sur des relations d'inégalité et de domination que les systèmes éducatifs reproduisent mais que l'alliance des apprenants, quand elle se produit, interrompt et désavoue.

L'égalité est, dans notre culture, une fiction qui ne peut exister que dans un passé mythique ou dans un avenir utopique : le passé mythique de la fiction religieuse (nous sommes tous les enfants de Dieu), de la fiction anthropologique (avant le contrat social les êtres humains vivaient dans des conditions d'égalité naturelle) de la fiction capitaliste (le point de départ des trajectoires de vie individuelles devient l'égalité des chances) ou encore intellectuelle (en tant qu'êtres rationnels, nous sommes tous également intelligents). Les avenirs utopiques de chacune de ces quatre fictions ne sont que leur contre-image : le salut, la communauté reconciliée, le libre marché autorégulé, la société de la connaissance... Qu'on la conjugue au passé ou au futur, l'égalité n'est jamais une expérience réelle. Elle renvoie toujours à ce qui demeure loin de notre portée et de cet accident permanent qu'est l'histoire. Même en plaçant l'égalité à l'origine de tout, l'égalitarisme mythique, dans toutes ses formes, nourrit l'impuissance et la résignation devant la réitération de l'inégalité.

S'il faut rendre égaux les inégaux, en revanche, c'est parce que l'égalité n'est jamais le point de départ. Il faut la faire, l'inventer. Elle est toujours la conséquence d'une forme quelconque d'intervention politique, en ce qu'elle change les relations de pouvoir existantes, et poétique, en ce qu'elle altère les valeurs établies. C'est pour cette raison que l'égalité n'est pas un idéal abstrait hors contexte, mais une relation possible et concrète avec les autres, qui modifie la perception de nos contextes réels de vie. Toute personne, à tout âge, qui a été considérée comme un égal, même une seule fois dans sa vie, ne cessera jamais de percevoir la violence de tout ce qui risquerait de la disposer, à nouveau, à l'infériorité. Le miroir de l'oubli sur lequel s'élève la normalisation de la servitude aura été à jamais brisé. De la même manière, il n'y a rien de plus violent pour un « supérieur » que d'être traité d'égal à égal. Ainsi comprise, l'égalité n'est pas un idéal, mais une expérience concrète qui a la force de montrer les conditions matérielles et symboliques de l'inégalité existante et de cibler sa transformation. À partir de là, comme l'affirme César Rendueles dans son livre *Contra la igualdad de oportunidades*, « l'égalité est un projet social complexe[3] » qu'on peut seulement développer à partir d'engagements et d'obligations partagées, négociées et bataillées. Comme nous le verrons au prochain chapitre, ce qui est en jeu dans ce projet social complexe, c'est la manière dont l'imagination politique et l'expérience du temps dessinent des scénarios conduisant à des futurs en dispute.

Au cœur de cette expérience située de l'égalité on y trouve, à nouveau, la honte. Rendre égaux les inégaux c'est, avant tout, briser la tentation de la honte. « J'apprends avec toi si tu apprends avec moi », le pacte implicite de l'alliance des apprenants ne définit pas les paramètres de l'égalité formelle ; il affirme la complicité réelle vécue par ceux qui savent ne pas savoir et qui, de ce fait, peuvent prendre ensemble le risque d'apprendre. Qu'est-ce qui peut les empêcher de vivre cette expérience commune ? Si l'on peut inscrire l'égalité à contretemps dans nos contextes réels de vie, il faut pouvoir analyser quelles sont les structures sociales, institutionnelles, culturelles et physiques qui l'empêcheraient. Rendre égaux les inégaux est un bouleversement. Rendre égaux les inégaux fait d'abord peur à ceux qui prédiquent l'égalité depuis leur trône, autel, scène ou chaire universitaire. Rendre égaux les inégaux rend possible que les questions auxquelles un apprenant doit toujours faire face pour exister soient également posées, sans aucune honte, à chacun d'entre nous : qui es-tu ? Qui êtes-vous pour vous abroger le pouvoir d'écrire notre avenir ?

3. César Rendueles, *Contra la igualdad de oportunidades*, Barcelone, Seix Barral, 2020, p. 166.

Chapitre 9

Disputer les futurs

Je me souviens d'une discussion de cour d'école. On devait avoir 11 ou 12 ans, c'était donc vers le milieu des années 1980. On se racontait, comme si nous étions les premiers à le découvrir, l'apparition de deux nouvelles maladies incurables : le cancer et le sida. Le cancer était quelque chose de nouveau pour nous parce qu'à l'époque on en parlait très peu encore, ou par euphémismes. Certains enfants nous ont donné une explication du sida dont je me souviens très bien : c'est une maladie qui fait que tu peux mourir de n'importe quelle autre maladie. J'en ai tiré le raisonnement suivant : si tu peux mourir de n'importe quelle maladie, aucune maladie n'est plus soignable aujourd'hui. C'était ma première expérience d'un retour en arrière, d'une involution de l'histoire. Nous étions des enfants de parents de l'après-guerre et on avait entendu parler du typhus, du choléra, de la diphtérie et de la malnutrition... Les mains et les pieds tordus de la polio étaient toujours présents et très visibles... Désormais vaccinés et bien nourris, nous étions élevés dans l'idée que tout deviendrait soignable à l'avenir. De la même manière, nous étions une génération qui commençait à profiter d'un confort économique et culturel que beaucoup de nos parents n'avaient pas connu. Études, voiture, résidence secondaire, premiers voyages, tourisme... La contingence historique adoptait plutôt la forme d'une évidence : tout allait devenir mieux et chaque génération aurait davantage de ressources et de meilleures conditions de vie que la précédente. De l'idéologie du progrès, que l'histoire de la modernité a désavouée d'elle-même, ne restait qu'une micro-histoire de parents et d'enfants qui voyaient l'arrivée de la prospérité et leurs univers qui s'élargissaient. L'imagination est très étonnante : elle invente des futurs à partir d'un temps présent qu'elle ne regarde et n'interroge pas. Mais le cancer, le sida ou le « bouton rouge » de la guerre froide, celui qui nous faisait tant fantasmer (quel fou furieux le poussera ?), étaient là pour nous rappeler, si on voulait bien l'entendre, que l'histoire n'est pas dictée par une loi, mais par nos idées, nos actions et nos représentations.

Nous sommes aujourd'hui dans l'attente de l'effondrement. Sur le profil WhatsApp de mon fils de 13 ans on peut lire : « Du calme, en 2050 nous serons tous morts. » Pour les jeunes de l'extinction, leurs rebellions éventuelles ne remettent pas en cause l'effondrement. Si elles ont lieu, c'est pendant les prolongations. Plutôt que d'envisager un retour en arrière, ils sont directement passés au calcul du temps qui reste. L'avenir est un entracte. L'éducation, en tant qu'art de l'existence fondé sur la transmission, le partage et la transformation des connaissances disponibles de génération en génération, inscrit son activité dans le temps, et elle le façonne. Depuis l'avènement des Lumières on a tourné vers l'avenir le temps de l'apprentissage : la perfectibilité, le progrès et la prospérité étaient les différents visages de cet effort individuel et collectif qu'on justifiait par le profit qu'on allait en tirer plus tard. Dans une société où les imaginaires du futur se retrouvent piégés dans un passé incomplet et dépassés par les scénarios de l'apocalypse imminente, quel est le sens et quel est le besoin d'apprendre ? Comment veut-on être éduqués lorsqu'il n'y a pas d'avenir imaginable, autre que celui de la catastrophe, découlant du présent ?

Le temps de la promesse

Le temps de la promesse a été brisé. Un des diagnostics les plus courants lorsqu'il s'agit d'expliquer le moment de crise que traverse notre système éducatif est celui de l'ascenseur social en panne. C'est-à-dire que, pour les classes sociales les moins favorisées, l'école a cessé d'être le gage d'une plus grande égalité et d'une mobilité sociale ascendante. Pourquoi, dès lors, aller à l'école ? Pourquoi devons-nous apprendre des choses qui n'ouvrent pas sur un avenir meilleur ? Peut-être que l'image figée de ce diagnostic est correcte. Mais comment en est-on arrivé là ? Et d'où vient-elle l'idée d'une école qui devrait rendre possible, en tant qu'institution, la mobilité sociale ?

Lorsqu'on affirme que les jeunes et les enfants d'aujourd'hui seront la première génération à vivre moins bien que leurs parents, nous faisons preuve d'une naïveté semblable à celle de mes amis et moi dans la cour d'école, étonnés de découvrir que certaines maladies n'étaient pas soignables. Malgré les efforts que le philosophe Steven Pinker s'évertue à déployer pour nous faire croire quantitativement dans le progrès inarrêtable de l'humanité[1], un regard à peine étendu sur l'histoire invalide la prémisse de cette affirmation. D'emblée, et sans aller chercher plus loin, la génération de mes parents, les enfants de l'après-guerre en Espagne, ont vécu d'un point de vue matériel et moral beaucoup moins bien que mes grands-parents, qui ont vécu leur jeunesse au premier tiers du XXe siècle. Et on pourrait continuer de la sorte pour revenir sur l'évidence du progrès, en étant tout simplement attentif à la diversité de situations qui constituent l'histoire humaine, selon des lieux et des moments changeants. Qu'est-ce qui nous a conduits, donc, à croire en la mobilité sociale et, concrètement, à l'idée selon laquelle l'éducation en serait le principal garant.

1. Pinker, Stephen, *Le Triomphe des Lumières*, Paris, Les Arènes, 2018.

« L'école est devenue la seule réponse imaginable pour une quantité phénoménale de défis et de problèmes[2] », affirme César Rendueles. Le sexisme, le dérèglement climatique, la démocratie, l'égalité sociale, l'obésité, la violence... Tous les problèmes tombent dans le même sac, ce qu'on appelle l'« école ». Et Rendueles d'ajouter que ce recours à l'éducation comme solution à tous les problèmes est « un placebo discursif issu de l'impuissance politique, qui nous conduit à projeter dans l'éducation les espérances déchues de l'égalité sociale[3] ». Reprenant l'analyse de Christopher Lasch dans *La Rébellion des élites*, Rendueles montre que le concept de *mobilité sociale* est un concept élitiste visant à justifier le privilège des élites en le présentant comme une récompense à leur talent, leur effort ou leur mérite. Dans la méritocratie, l'égalité des chances est la seule définition possible pour une égalité qui ne serait pas en conflit avec la liberté individuelle, celle-ci comprise comme la libre concurrence et récompense entre des individus.

> « Historiquement, le concept de *mobilité sociale* a été formulé clairement lorsque l'existence d'une classe sociale dégradée de salariés liés à cette situation à vie ne pouvait plus être niée ; en d'autres termes, lorsque la possibilité d'une société sans classes a été définitivement abandonnée[4]. »

Le triomphe de la méritocratie coïncide, selon Lasch, avec la marchandisation concurrentielle de domaines de plus en plus larges de notre vie et avec la séparation croissante des élites du reste de la société et de ses intérêts. On voit alors se mettre en place des individus et des classes supérieures qui pensent ne rien devoir à personne et ne pas avoir, de ce fait, d'engagement quelconque avec l'ensemble du corps social. On pourrait même ajouter aujourd'hui, avec le reste de la planète.

2. César Rendueles, *op. cit.*, p. 274.
3. *Ibidem*, p. 278.
4. Christopher Lasch, *La Révolte des élites*, Paris, Flammarion, 2020.

Il n'y a ni destin ni avenirs communs et la croissance économique n'est plus perçue comme un moteur agissant pour l'ensemble de la société ou de l'humanité. En fait, le moteur de la croissance indéfinie est remis en question lui-même dans une planète où les limites de la croissance ont été montrées du doigt depuis des dizaines d'années et ne sont plus perçues comme un plafond mais comme un abîme. D'un autre côté, le développement, dans la plupart des pays du monde, de systèmes d'éducation publique et obligatoire a pu avoir une incidence sur les classes les plus subalternes, mais n'a pas contribué à réduire la ségrégation sociale, toujours présente, y compris dans les systèmes publics. Nous avons des institutions éducatives et culturelles publiques, mais nous ne disposons pas d'institutions pour prendre en charge une réelle rencontre entre des classes et des groupes sociaux, au-delà de la consommation de diversités folklorisées. Comment peut-on, dès lors, penser à une large socialisation entre égaux qui deviendrait la promesse d'une voie vers une société plus juste où l'éducation serait de qualité partout ? C'est à l'école de le prendre en charge toute seule alors que la géographie de nos quartiers et de nos villages, tracée selon les lois de la spéculation immobilière, va à son encontre ? C'est à l'école de le prendre en charge toute seule alors que l'invasion intime des plateformes individuelles et des réseaux sociaux, façonne, à chaque seconde, les cerveaux des plus jeunes et des moins jeunes ? C'est à l'école de le prendre en charge toute seule dès lors que les réformes du marché du travail, les régulations des loyers et les mesures sociales convergent vers un scénario de plus en plus précaire et violent à l'encontre de ces mêmes enfants et ces mêmes jeunes qu'on voudrait rendre libres et heureux par l'éducation ?

Le temps de la promesse, si jamais il a existé, a été brisé depuis longtemps, et ce n'est pas seulement le fait de l'école. C'est le fait de tout un système parvenant à nous faire croire que l'avenir n'appartient qu'à ceux qui le méritent, ou à ceux qui ont eu beaucoup de chance ; que ce soit grâce à leur talent ou par un concours de circonstances. Au milieu de ce décor, le système éducatif s'organise toujours en différentes années d'études, possède une seule porte d'entrée et plusieurs portes de sortie, parce que l'abandon scolaire augmente et se diversifie, y compris l'abandon intérieur ; ceux qui auront peut-être accompli tout un cursus sans jamais rien avoir pris au sérieux ni s'être intéressés à quoi que ce soit.

Pour le plus grand nombre, exclu de tout imaginaire partagé d'un avenir meilleur, l'éducation s'installe dans un non-temps : c'est une succession d'années, comme une condamnation à perpétuité, conduisant nulle part sauf au jeu sans fin de ne pas perdre une opportunité quelconque. C'est un jeu qui prend la forme vide d'un avenir sans promesse : le rapport standardisé à toute forme d'activité passe aujourd'hui par le *projet* (des notions thématiques à l'école jusqu'à une proposition d'exposition, de recherche scientifique ou d'entreprise) et par la *prédiction,* algorithmique ou toujours humaine, visant à délimiter l'avenir selon des options et des scénarios possibles, à partir des données collectées. Comme l'explique Axel Rivas dans le livre *Quién controla el futuro de la educación*[5], les forces techno-éducatives qui sont en train de s'approprier de l'éducation à partir de plateformes interactives (maisons d'édition, apprentissage en ligne, calendriers de tâches, etc.), aussi bien à l'intérieur qu'à l'extérieur du système institutionnel, concentrent toute leur puissance de frappe dans leur capacité à rassembler une énorme quantité de données leur permettant non seulement d'atteindre des niveaux très importants de contrôle, mais surtout de prédiction, sous la forme d'une prédestination personnalisée de notre vie.

5. Axel Rivas, *Quién controla el futuro de la educación*, Madrid, Siglo XXI, 2019.

Parmi beaucoup d'autres exemples et références, Rivas reprend ces mots de José Ferreira, de la plateforme Knewton :

> « Nous savons très précisément à quel moment tu vas échouer et nous sommes en mesure de le changer. Nous connaissons parfaitement ta manière d'apprendre et nous savons comment tu pourrais apprendre mieux[6]. »

Dans un système éducatif qui a de plus en plus d'ubiquité et qui manque de temps, l'avenir se réduit à un itinéraire d'adaptation qui traduit nos comportements précédents en itinéraires individuels possibles, vers la réussite ou vers l'échec.

Avenirs posthumes

> « Vous m'avez volé mes rêves et ma jeunesse. [...] Comment osez-vous ? [...] nous ne vous pardonnerons jamais ! »

Ce sont les mots de l'activiste pour le climat Greta Thunberg le 23 septembre 2019 lors de la 74e assemblée des Nations unies. L'idée d'un avenir volé était déjà présente lors des mouvements étudiants de 2011. Le collectif *Juventud sin Futuro*[7], dans le contexte du mouvement des Indignés (15M), et s'était manifesté derrière le slogan « Sans maison / Sans boulot / Sans retraite ». On pouvait lire dans ses manifestes :

> « Vous avez cherché à nous prendre l'avenir mais vous nous avez enlevé la peur. »

En à peine dix ans, l'avenir volé a changé radicalement d'échelle : de l'avenir compris comme un confort personnel et social, précarisé pour cause de crise économique, nous sommes passés à l'avenir de la vie humaine sur la planète, menacé par le processus actuel d'extinction d'écosystèmes et d'espèces, l'espèce humaine entre autres.

---

6. *Ibidem*, p. 106.
7. N.D.T. : Jeunesse sans avenir.

Quoi qu'il en soit, les habitants du XXIe siècle n'envisagent pas d'autre avenir que celui de la catastrophe. On peut même y voir un désir d'apocalypse pour mettre fin à l'inquiétude face à autant d'incertitude et à l'angoisse face à autant d'impuissance. Notre présent n'imagine pas un futur désirable, il n'incarne pas non plus l'avenir que les générations précédentes avaient souhaité. Nous sommes la déception de tout futurisme antérieur et, pour nous, tout avenir est davantage qu'une déception ; c'est une menace. Notre expérience du temps vient d'entrer dans une condition posthume où toute attente partagée relève de l'après d'un après et prend la forme d'un *au moins* ou d'un *encore*.

On le perçoit de manière évidente dans les projets éducatifs : lorsqu'ils prétendent porter une vision de futur, ils privatisent les attentes en les présentant comme des formules pour le succès, fondées sur un apprentissage qui nous permettra de s'adapter au mieux à un futur dont on dit ne rien savoir. Pour tous les autres, le système éducatif se présente comme cet endroit où ils pourront, au moins, quitter le ghetto familial pendant quelques heures, où ils auront, au moins, la possibilité d'avoir deux repas complets, où ils pourront, au moins, côtoyer d'autres enfants, où ils s'éloigneront des réseaux sociaux pendant, au moins, quelques heures, où, s'ils écoutent, ils entendront parler, au moins, d'autre chose que d'eux-mêmes, où ils auront l'occasion, au moins, d'obtenir un diplôme, plus ou moins dévalué… L'école et ses extensions post-obligatoires peuvent-elles survivre à leur condition fantasmagorique et posthume ayant *au moins* comme seul programme ? Sous le régime de la servitude adaptative, l'éducation ne peut promettre que deux rapports possibles au futur : l'un, pour ceux qui de plus en plus flexibles réussiront à s'adapter à ses exigences et changements constants. L'autre, pour ceux qui ne s'adapteront pas : ils demeureront hors-jeu, disions-nous plus haut. Le futur est sombre dans les deux cas, parce qu'il est devenu ce temps qui suspend toute possibilité de l'imaginer.

On voit la preuve de cette suspension radicale de l'imagination d'un futur partagé dans la prolifération d'histoires, de films et d'analyses, aussi bien scientifiques que philosophiques, se projetant sur ce qui serait « un monde sans nous ». C'est un imaginaire présent dans des nombreuses cosmogonies, anciennes et modernes, occidentales et non occidentales, qui vont de l'Éden jusqu'à la *Planète des singes*, des mythes de la création (où les humains arrivent souvent vers la fin et plutôt par accident), jusqu'à toutes sortes de visions apocalyptiques, à l'intérieur ou à l'extérieur de cette planète, y compris son explosion ou sa dissolution dans le néant. Comme l'écrit le philosophe italien Franco « Bifo » Berardi :

> « Le futur devient une menace dès lors que l'imagination collective ne peut saisir des alternatives à la dévastation[8]. »

Il suffit aujourd'hui de regarder les catalogues des plateformes audiovisuelles en ligne ou de faire le tour des courants de pensée contemporains les plus en vogue, du réalisme spéculatif à l'accélérationnisme, ou encore certaines formes du post-humanisme, pour se rendre compte que le monde sans nous est un imaginaire dominant et désiré.

La condition posthume est la forme que prend aujourd'hui la honte d'être des humains dont nous parlions au début de ce livre et qui a adopté son expression la plus douloureuse vers la moitié du XXe siècle, après l'expérience du fascisme et les deux guerres mondiales. C'est la honte vis-à-vis d'un être si dépourvu de noblesse qu'il n'est capable d'agir que par la destruction ; et si impuissant qu'il ne peut même pas revenir sur le mal qu'il produit lui-même. Les personnages de Tchekhov l'anticipaient déjà depuis le présent de leurs existences suspendues :

---

8. Franco « Bifo » Berardi, *Dopo il futuro*, Bologne, Ubu Editoria, 2009, p. 59.

> « Comme le disait Astrov il y a un moment : vous abattez les forêts sans aucun sens et bientôt il ne restera rien dans le monde. De la même manière, sans aucun sens, vous détruisez l'humanité et bientôt, grâce à vous, il n'y aura plus sur terre ni fidélité, ni pureté, ni esprit de sacrifice. Pourquoi ne savez-vous pas contempler avec sérénité une femme fidèle quand elle n'est pas la vôtre[9] ? »

C'est Elena s'adressant à l'oncle Vania. Quand il n'y a pas de promesse, la possession est la seule fidélité possible. Les personnages de Tchekhov sont conscients qu'il vaut peut-être mieux ne rien faire et que tout mouvement brusque, même celui de l'amour, ne fera que produire davantage de douleur encore. Et pourtant eux non plus ne peuvent pas éviter de vivre, bien qu'ils ne sachent pas comment ni pour quoi. Lorsqu'il n'est pas possible de regarder vers l'avant, on peut s'inventer un avenir qui regardera vers l'arrière, un avenir rétrospectif qui se souviendra, peut-être, de nous... Ou peut-être pas :

> « Astrov : [...] Je me suis assis comme ça, sur une chaise, fermant les yeux et j'ai commencé à réfléchir : ceux qui vivront après nous, dans cent ou deux cents ans, ceux pour qui nous sommes à peine en train de déblayer un chemin, auront-ils une pensée bienveillante pour nous ? Sûrement pas, n'est-ce pas mamie[10] ? »

Si l'éducation inscrit les connaissances disponibles dans un temps vécu entre des générations et des formes de vie en transformation, comment peut-on mener à bien, par les temps posthumes, une action éducative qui aurait du sens ? Comment peut-on apprendre quelque chose qui ne relèverait pas d'une course contre le temps ou d'une perte de temps ? Tchekhov, par exemple, invente un regard rétrospectif qui relie le présent au futur, dès lors que le présent ne sait plus s'imaginer au-delà de

---

9. Anton Tchekhov, *Oncle Vania. Scènes de la vie à la campagne en quatre actes*, Arles, Actes Sud, 1994.
10. *Ibidem.*

soi-même. C'est un regard qui ne nous permet peut-être pas de dire grande chose sur ce qui est à venir, mais qui projette une lueur nouvelle entre les vivants et leur passé. Il leur permet de se penser. Je pense que le rôle des enseignants, à l'intérieur de l'alliance des apprenants, doit être celui-ci : proposer des regards qui relient le temps des vivants à celui de ceux qui ont existé auparavant et à celui de ceux qui sont encore sur le chemin, s'ils arrivent, de sorte qu'ils puissent se penser les uns par rapport aux autres, les uns à partir des autres. Voilà le sens le plus profond et le plus nécessaire de ce que nous avons appelé le « risque d'apprendre ensemble ».

Opacité

Si le futur est sombre c'est parce que le présent est opaque. L'obscurité de l'avenir est l'ombre projetée par ces temps présents que nous ne parvenons pas à déchiffrer. « Le futur n'est pas une dimension naturelle de l'esprit, mais une modalité de la perception et de l'imagination, un mode d'attente et d'attention, et ses configurations changent selon les cultures[11] », nous dit encore Bifo. Éduquer revient à fournir des outils pour lire son propre temps et le mettre en rapport avec les temps du passé et ceux qui sont à venir. C'est pour cette raison que le maître est aussi un apprenant, parce que le temps dans lequel il enseigne ne lui appartient pas complètement et ne s'accorde pas complètement non plus avec celui des autres qui apprennent avec lui. Il faut toujours réapprendre à lire. C'est pourquoi la tâche émancipatrice de l'alphabétisation ne se réduit pas à transmettre l'outil déjà construit du langage. Ainsi comprise, on pourrait confondre alphabétisation et évangélisation, ou encore conversion par la parole révélée. Nous alphabétiser consiste à déchiffrer à nouveau

11. Bifo, *op. cit.*, p. 17.

ensemble le texte et les sous-textes (avec leurs titres et leurs silences) qui constituent le canevas d'un temps.

S'interroger sur comment on veut être éduqués implique donc d'être en mesure de se demander quels sont les futurs imaginables et quels sont les passés auxquels nous voulons nous identifier. L'éducation est un art de l'existence parce qu'elle refait l'expérience du temps face à la dictature du c'est ainsi et du doit être. Dès lors qu'on cherche à comprendre, ce qui n'est pas déchiffrable perd de son immunité et commence à émettre des signes qu'on pourra questionner. Comme l'écrit Néstor García Canclini « connaître revient à traverser des abîmes[12] », mais pour les traverser il faut d'abord les ouvrir, les arracher à l'arbitraire qui les rend évidents :

> « Toute forme de description de la structure sociale devient incertaine [...] capter l'ordre des personnes et des choses demande, plus que jamais, d'être attentif à son arbitraire. La société est un labyrinthe de stratégies[13]. »

L'opacité du présent n'est pas un fait naturel. Elle résulte, comme l'écrit Canclini, d'un ensemble de stratégies dont la confluence augmente l'illisibilité de la réalité.

Les stratégies de l'opacité de notre temps sont très nombreuses. Nous avons vu plus haut que l'ignorance est une ressource produite par l'information elle-même ainsi que par les usages qu'en font les appareils scientifique, politique et marchand dès lors qu'ils en font le fondement des nouvelles modalités de la confusion. La réalité symbolique qui organise les formes signifiantes de notre temps est une grande machine à produire de l'illisibilité. Elle nous oblige en permanence à lire et à accepter des extraits de texte (programmes, contrats, clauses de confidentialité,

---

12. Néstor García Canclini, *El mundo es un lugar extraño*, Barcelone, Gedisa, 2014, p. 17.
13. *Ibidem*, p. 15.

cursus de formation, tutoriels, *timelines* d'information, etc.) que nous ne pouvons pas comprendre. Nous apprenons donc à agir dans un monde qui nous a été rendu indéchiffrable, non parce que la nature aurait cessé d'être le livre que Francis Bacon nous promettait d'être en mesure de déchiffrer un jour, mais parce qu'il n'y a plus de nature, il n'y a que l'expression boulimique d'un cerveau atrophié.

Devant cette expérience, les discours d'expertise font appel à trois mots-clés : *complexité*, *vitesse* et *incertitude*. Trois noms différents pour désigner l'inquiétude qui dès lors nous revient comme une donnée objective : nous habitons un monde complexe, rapide et incertain. Il semblerait qu'une fois que c'est dit, rien de plus ne saurait être ajouté. Devant chaque phénomène, la sensation s'impose d'un monde où tout va très vite et qui est trop complexe pour qu'on puisse en accompagner la compréhension. Nous ne portons plus notre incompréhension collée à la peau ; elle est devenue la menace qui rend plus difficile encore la possibilité de ressentir une peau. La peau est une médiation entre nous et d'autres choses, températures, contacts, sensations et émotions. C'est un des éléments dont on dispose pour apprendre la mesure dans la démesure, une proportion de ce qui est vivable dans la disproportion de l'univers dans lequel on vit. Sans la peau, il ne nous reste plus que la représentation inarrêtable de la complexité, la vitesse et l'incertitude de ce que l'on appelle le « monde » et qui, pour cette même raison, n'en est plus un.

Nous avons cité ces mots de David Foster Wallace au début du livre :

> « Apprendre comment penser signifie apprendre à contrôler comment et à quoi vous pensez. Cela signifie être suffisamment conscient et éveillé pour choisir ce à quoi vous allez prêter attention et comment vous tirez du sens de votre expérience[14]. »

14. David Foster Wallace, discours cité.

Il s'agit d'apprendre à regarder et à comprendre sans devenir esclaves de la vitesse et de la complexité. Apprendre à penser c'est apprendre à distinguer des niveaux, à situer des problèmes et à établir, entre des éléments différents, des relations qui font sens. Par exemple, la dévastation de l'environnement que le capitalisme actuel est en train de produire et l'apocalypse en tant qu'imaginaire culturel appartiennent à des registres différents. Ce sont deux manières différentes de donner une forme et d'exprimer l'impossibilité d'imaginer le futur depuis notre présent. Si on les confond, on s'empêche de situer le problème concernant qui et comment on est en train de mettre en place la dévastation de la planète et on se condamne, ainsi, à l'effondrement en tant que réalité et destin inévitable.

Ce labyrinthe opaque attrape le non-savoir des apprenants et le transforme en une forme d'ignorance soumise et rentable. C'est une ignorance qui, comme on l'a vu, n'est pas un simple manque de connaissances. Il s'agit plutôt d'une forme de connaissance profondément ignorante de soi-même, de ses propres contextes et de ce qu'elle laisse toujours à penser et à faire. Beaucoup d'étudiants ont aujourd'hui la sensation d'apprendre des choses qui ne servent à rien. Ce n'est pas seulement qu'ils n'ont pas de débouchés professionnels dans un marché du travail en éclats. La sensation généralisée est que ce que l'on apprend dans les écoles et les universités ne « dit vraiment rien ». Ne « dit vraiment rien » parce que cela ne sert pas à faire parler le monde dans lequel nous vivons, ni à converser avec. Cela rend encore plus indéchiffrable ce monde dans lequel nous devons vivre et survivre. Le système éducatif, et académique en général, collabore, donc, à la production d'un analphabétisme éclairé qu'on ne combattra pas avec davantage de formation, mais avec un savoir plus conscient. Revenant à la parole ancienne, nous pourrions dire : avec un savoir plus sage, ou avec une plus docte ignorance. García Canclini l'explique de la manière suivante : il s'agit de « travailler sur ce à quoi les explications ne répondent pas[15] ».

Savoirs du futur

Quels doivent donc être les savoirs du futur ? C'est une question qui se pose de manière récurrente, et d'autant plus maintenant que toutes les crises participent, aussi, à décréter la crise de l'éducation et la nécessité urgente de la renouveler. Comme toujours dans un marché, on trouve des réponses pour tous les goûts et elles défendent toutes leur originalité et leur caractère indispensable.

La plus habituelle et la plus servile, on l'a vu au chapitre précédent, est la réponse adaptative selon laquelle seuls les savoirs qui peuvent le mieux s'adapter aux changements du marché du travail global et aux innovations technologiques seront les savoirs du futur. Une partie importante des propositions pédagogiques actuelles découle de cette idée, même si on ne l'explicite aussi brutalement. La réponse adaptative est facile à proposer mais elle est facile aussi à rebattre : si le scénario de l'éducation doit être écrit selon ces changements, qui assume la responsabilité des changements ? Entre quelles mains sont-ils ? et quelle vision du monde expriment-ils ?

Il existe aussi des tentatives pour offrir des nouvelles réponses programmatiques qui présenteraient des nouveaux contenus et des paradigmes nouveaux pour la connaissance. C'est très intéressant de lire et de comparer les documents élaborés pendant ces dernières décennies par deux personnages aussi opposés qu'Edgar Morin et Dominic Cummings. Le philosophe Edgar Morin a élaboré un compte rendu pour l'Unesco en 1999 intitulé *Les Sept Savoirs*

15. Néstor García Canclini, *op. cit.*, p. 139.

nécessaires à l'éducation du futur[16]. Le consultant politique britannique, cerveau de la campagne pour le Brexit puis main droite de Boris Johnson, a travaillé pendant plusieurs années au ministère de l'éducation et a rédigé en 2013 un long document, qui est accessible sur son site web, qui s'intitule *Quelques réflexions sur éducation et priorités politiques*[17]. Le premier propose une éthique planétaire à l'adresse d'une communauté humaine qui a perdu le sens de son appartenance commune à la Terre. Le second, un projet de pensée intégrateur à l'adresse de ceux qui sont en mesure de synthétiser les grands problèmes de l'humanité et de prendre les décisions correctes. Morin adopte une perspective humaniste ; Cummings, une perspective techno-élitiste. Mais ce qui est intéressant dans la juxtaposition des deux documents c'est l'effet miroir qu'elle produit. Si Edgar Morin organisait sa proposition en sept savoirs, Cummings propose aussi sept domaines différents.

Les savoirs de Morin sont les suivants : 1) les cécités de la connaissance : l'erreur et l'illusion, 2) les principes d'une connaissance pertinente, 3) enseigner la condition humaine, 4) enseigner l'identité terrienne, 5) affronter les incertitudes, 6) enseigner la compréhension, 7) l'éthique du genre humain.

Les sept domaines de Cummings sont : 1) mathématiques et complexité, 2) énergie et espace, 3) physique et computation, 4) ingénierie biologique, 5) esprit et machine, 6) méthode scientifique, éducation et prise de décisions, 7) économie politique et philosophie pour éviter des catastrophes.

16. Edgar Morin, *Les Sept Savoirs nécessaires à l'éducation du futur*, París, Unesco 1999, disponible en ligne sur : https://unesdoc.unesco.org/ark:/48223/pf0000117740_fre.

17. Dominic Cummings, *Some Thoughts on Education and Political Priorities*, 2013, disponible en ligne sur : https://dominiccummings.files.wordpress.com/2013/11/20130825-some-thoughts-on-education-and-political-priorities-version-2-final.pdf.

Il s'agit bien entendu de deux registres, deux champs sémantiques et deux ensembles de référents épistémologiques très éloignés. Mais ce qui est intéressant, c'est qu'ils partagent le même point de vue : un regard sur le tout et pour le tout. Pour Morin il s'agit des problèmes fondamentaux à traiter dans toute société ou culture. Pour Cummings, les intégrateurs doivent être capables de porter « un regard brut sur le tout » (*a crude gaze at the whole*). La complexité à laquelle ils essaient tous les deux de donner une forme programmatique est une configuration totalisatrice des limites de l'expérience du possible. On l'obtient par l'abstraction du point de vue. Qui parle ? À qui s'adresse-t-on ? Le compte rendu de Morin a été écrit à partir de la question de la durabilité. Celui de Cummings sous la menace de la disruption et de la catastrophe. Les deux perçoivent donc le temps sous l'ombre d'un danger à venir. L'un propose de combattre l'erreur et l'illusion ; l'autre, la médiocrité et l'échec. Tous les deux font confiance à la science et à la technologie, aux savoirs classiques et à la philosophie. Mais ce qu'ils font, de fait, c'est abstraire les questions, les pratiques et les manières de faire concrètes pour en faire des grandes questions face aux grandes peurs. Tout est tellement grand que seuls les « grands hommes », comme eux, et les « grandes institutions », pour lesquelles ils travaillent, peuvent prétendre pouvoir les affronter.

L'abstraction et la totalité sont le privilège de ceux qui peuvent se déprendre des situations concrètes et de leurs limites réelles. Si les leurs sont les savoirs du futur, il est évident que ce futur sera celui que ceux qui pensent être porteurs de cette vision continueront à dessiner et à orienter. Cummings ne s'en cache pas, il travaille directement pour ces visionnaires auxquels il confie l'avenir d'organisations et de corporations plus efficaces. Morin et les positions en défense d'une éducation de la conscience éthique globale, même si elles prêchent le contraire, n'en sont pas si éloignés. La complexité leur permet d'inclure la dissonance sans l'écouter, la disproportion sans s'inquiéter et l'étonnement sans inconfort. C'est pourquoi il invoque cette complexité qui plaît tout autant aux technocrates qu'aux intellectuels.

Les savoirs du futur seront ceux qui prendront en charge les situations du présent. Qui prendront en charge la difficulté sans l'accabler de complexité, et qui, à la place de conceptions extrêmement sophistiquées, arriveront à identifier les éléments essentiels pour définir chaque situation d'apprentissage et de vie. C'est pourquoi il faut des savoirs et des ressources essentielles : des langages et des outils basiques à la portée de tout le monde, dès le début et dès le premier jour. Plutôt que de dessiner l'horizon dernier d'un paradigme de connaissances totalisateur, nous avons besoin de tracer des lignes basiques pour en relier les points de départ. Les bons spécialistes de chaque domaine de la connaissance sont justement ceux qui ont compris le fonctionnement le plus basique du langage avec lequel ils travaillent. Il faudrait que tout le système éducatif et ses environnements d'apprentissage travaillent de manière coordonnée pour assurer ces bases. Revenons au sage et intuitif Diderot, lorsqu'il esquissait un programme universitaire pour la tsarine de Russie et qu'il écrivait à un moment de son compte rendu :

« Que doit-on remporter d'une école publique ? De bons éléments[18]. »

Si l'on cherche à dominer la complexité, la vitesse et l'incertitude, nous avons besoin de nous remettre dans les mains d'experts et de technologies qui produisent des grands modèles, des analyses prospectives, du consulting, de la formation, des évaluations, des rubriques, des Power points, feuilles Excel et, enfin, des consignes faciles que nous allons pouvoir suivre avec crédulité. Contre cette forme de subordination cognitive, le plus efficace est de préparer et de partager des « bons éléments » : celle-ci devrait

18. Denis Diderot, *Plan d'une Université pour le gouvernement de Russie*, 1775-1776.

être, à mon sens, la seule consigne pour une bonne éducation et, j'ose dire, pour la vie en général.

« Des bons éléments » est une consigne qui n'admet pas de crédulité : les éléments il faut les essayer. Ils résistent aux pièges et aux tromperies. Si la matière première d'un plat est mauvaise, peu importe que le cuisinier la déguise de complexité gastronomique. Si la capacité linguistique d'une personne est faible, peu importent les diplômes ou les réussites qu'elle empilera ou le langage d'expert qu'elle utilisera, elle ne pourra rien faire d'autre que dissimuler son impuissance. Si la sensibilité d'écoute ou de perception d'une personne est nulle ou saturée par les codes de la reconnaissance, elle n'aura jamais accès à une expérience, même minime, du monde qui l'entoure. Si l'on ne saisit pas le rapport entre deux sons ou deux couleurs avec une sensibilité libre, les listes de musique ou de fichiers audiovisuels que nous stockons sur notre portable ne seront que du bruit. Si lorsque l'ordinateur tombe en panne nous en restons à l'éteindre et le rallumer, nous ne prenons pas un crayon ou n'envoyons pas un message, nous resterons seuls. Si partout sur la planète nous ne sentons pas d'où souffle le vent, peu importe la conscience planétaire que nous avons, nous ne verrons pas arriver ni le feu ni la tempête. Si nous ne nous sommes jamais regardés dans les yeux, peu importent les cours de gestion des émotions et de direction d'équipes que nous avons suivis, nous ne saurons jamais établir des liens avec les autres.

Il se produit la même chose avec les ressources et les outils d'apprentissage. Nous l'avons vécu lors de la pandémie de covid-19 et la fermeture des écoles. Le problème principal de la fermeture des écoles est-ce vraiment qu'une partie importante de la population n'a pas d'accès à Internet ? Dans des pays qui disposent d'une télévision publique, de radios publiques, d'espaces en plein air, de bibliothèques fermées et remplies de livres et d'un système de poste et de courses à domicile en fonctionnement, l'organisation d'une action éducative coordonnée et de qualité à partir de cet ensemble d'éléments déjà existants n'était-elle pas envisageable ? Quels imaginaires et jeux d'intérêts font que ce n'est pas pensable et que tous les efforts aient été consacrés à rendre plus difficile encore la situation en cherchant une impossible connectivité, ou en s'en emparant comme excuse pour ne rien faire ?

Le futur est déjà là, et le lendemain au point de départ. Les bons éléments, si on les identifie, on les élabore et on les partage, ils sont à la portée de tout le monde. C'est la tâche principale des éducateurs lorsqu'ils osent participer d'égal à égal à une alliance entre apprenants : préparer les matières basiques qui nous permettront d'éveiller l'expérience du monde et nous inviter à la partager. Comme nous l'avons dit plus haut :

> « Ne fais pas comme moi, fais-le avec moi. »

Poétiques du temps

« Le temps est ignorance[19] », c'est un floutage produit par l'imperfection d'une description propre aux humains. Il s'agit de la thèse centrale à laquelle le physicien italien Carlo Rovelli a consacré sa vie de scientifique et qu'il développe, entre autres, dans *L'Ordre du temps*. Le monde des microparticules, dans sa grammaire élémentaire, est un monde sans temps. Il n'y a pas un *maintenant*, un présent global objectif pour l'univers, ni un avant et un après. Seulement un réseau d'interactions, d'événements ayant une incidence les uns sur les autres :

> « Les choses du monde ont leurs propres danses à des rythmes différents[20]. »

19. Carlo Rovelli, *L'Ordre du temps*, Paris, Flammarion, 2018.
20. *Ibidem.*

La temporalité est la perspective correspondant au coin du monde auquel on appartient. Dès lors, on peut dire que nous donnons le temps aux choses, ou à la manière dont les choses changent entre elles. De la même manière, nous nous donnons le temps à nous-mêmes. Nous sommes le temps, non parce que le temps nous accueillerait ou nous déterminerait, mais parce que nous le créons comme une forme de relation à partir de notre ignorance du monde. C'est pour cela que le temps n'est pas une donnée physique, mais poétique. Et il n'y a pas de temps unique, mais des multiples temporalités qui se tissent et même se contredisent entre elles.

Nous sommes le temps. Et nous le sommes parce que le cerveau, avec sa perspective insuffisante, travaille comme une mémoire dans l'assemblage des processus épars constitutifs de l'expérience. Le cerveau est une machine du temps parce qu'il est, surtout, mémoire. La mémoire ne se contente pas d'archiver. Elle se souvient pour anticiper. La mémoire crée le futur. Elle bouge en avant et en arrière, tout en reliant les traces empilées dans notre cerveau à ce qu'elles nous permettent d'imaginer. Rovelli avec son regard de physicien, met en avant l'importance de la mémoire. Diderot disait la même chose, et c'est ce qu'affirment aussi quelques philosophes et neuroscientifiques contemporains. Le cerveau est une machine du temps grâce à l'activité de reliure de la mémoire. Comme nous l'avons vu, ce cerveau tisserand n'est pas seulement au même endroit que nos neurones, il se trouve aussi sur le large réseau de relations que nous établissons avec nos différents domaines d'expertise.

Ce n'est donc pas un hasard si la guerre contre le temps est devenue, aussi, une guerre contre la mémoire et ses formes d'expression culturelle. Cette guerre se présente comme un combat didactique contre la mauvaise praxis de la mémorisation sans compréhension, qui ne fait pas sens. Évidemment, toute pratique éducative qui ne génère ni du sens ni de la compréhension doit être bannie. Le problème est que cette stigmatisation de la mémoire va bien plus loin. Elle ne s'attaque pas seulement à la mémorisation mécanique, elle essaie aussi de nous convaincre qu'il ne faut rien mémoriser parce que tout est déjà en ligne. Qu'il ne faut rien apprendre par cœur parce que tout est information. Réduire la mémoire à la gestion de l'information revient à en annuler sa condition créatrice d'expériences et génératrice de temps partagés.

Si l'on ne se souvient de rien, on devient l'esclave de son présent et on est incapable d'imaginer le futur. Si l'on ne se souvient de rien, on devient un ordinateur, une interface où circulent des unités d'information plus ou moins bien choisies. Rien d'autre. Effacer les souvenirs a été un rêve totalitaire récurrent. Aujourd'hui on apprend à ne pas se souvenir et c'est pour cette raison qu'on est constamment invité à stocker. Tous les dispositifs qui nous accompagnent dans nos vies ont des capacités de stockage : des archives numériques, des *clouds*, des galeries de photos, des chaînes de messages, des apps partagées... Mais la mémoire n'est pas une archive. Elle est l'activité par laquelle l'archive toujours vivante de nos empreintes se dote d'un sens et le renouvelle, pour nous et pour les autres. La mémoire crée le futur. L'éducation cultive le temps faisant de la mémoire une activité significative de transmission, de questionnement et de transformation. Si l'éducation est l'art de l'existence, c'est parce qu'elle est un art de la mémoire et de l'imagination :

> « Nous sommes les histoires contenues dans les vingt complexes centimètres que nous avons derrière nos yeux, des lignes sillonnées par les traces que l'agitation des choses du monde aura laissées et qui s'orientent vers la prédiction des évènements à venir[21]. »

Dans cette guerre contre le temps que représente le présent en suspens du capitalisme mondial, le métier d'éduquer se retrouve

21. *Ibid.*

réduit à l'immédiateté des résultats, au présentisme des procédures et à la menace de la perte de temps. L'expérience du transit, du parcours et de la transformation est remplacée par la succession d'instants, de phases, de jeux organisés par étapes, qui s'annulent entre elles. C'est la disruption devenue pédagogie : chaque instant est enfermé par l'évidence de ses résultats. Chaque activité commence et termine en elle-même, dans une demande exponentielle d'activités sans cap. Il s'agit de ne jamais s'arrêter sans pour autant aller nulle part. Rien n'est plus tragique, dans notre société, que voir les tout petits enfants faire l'expérience de ne pas avoir de temps. Ce n'est pas seulement qu'on leur a volé le futur. C'est que nous avons expulsé l'enfance du temps. *Nunca el tiempo es perdido*[22].

Le temps n'est pas une illusion. C'est une perspective. En tant que telle, elle n'est pas donnée, elle doit être travaillée en permanence. La culture, y compris dans sa dimension scientifique, est l'expression de ce travail toujours inachevé qui façonne notre temps et notre ignorance du monde. Et l'éducation est la pratique concrète par laquelle nous les humains donnons du temps aux autres, selon les différentes formules qu'on lui a données. Elle fait de cette profonde ignorance que nous avons du monde une perspective depuis laquelle on peut apprendre ensemble à vivre. L'éducation est l'ouvroir du temps partagé. C'est l'atelier où les apprenants s'éveillent et s'essaient à l'imagination.

Politiques de l'imagination

Se souvenir c'est imaginer. C'est-à-dire, rendre présente l'image de quelque chose, d'une personne, d'une idée ou d'une sensation qui n'est pas là et que pour une raison, avec ou sans preuves, nous situons dans un passé. De la même manière, nous

22. N.D.T. : « Le temps n'est jamais perdu. »

pouvons aussi imaginer ce qui ne s'est encore jamais produit ou ce qui deviendra réel un jour. Dès lors l'imagination relie ce qui est et ce qui n'est pas, ce que nous savons et ce que nous ne savons pas, ainsi que les différentes dimensions du temps entre elles. C'est étonnant de voir à quel point notre culture a méprisé une activité de l'esprit aussi puissante. Ou c'est peut-être justement pour cette raison. Pour sa capacité à générer des liens et des relations sous une forme libre.

L'imagination a été dominée par un paradigme épistémologique qui est fondé, nous l'avons vu, sur l'empilement et la systématisation des connaissances attestées. Dans le cadre de cet idéal, l'imagination est une activité inquiétante qui bouge entre des mondes incompatibles en apparence : la sensibilité et l'entendement, le corps et l'esprit, l'image et le concept, la sensation et la raison, les différents temps de l'expérience. L'imagination est l'instable frontière entre l'être et le non-être ; entre ce que l'on sait et ce que l'on ne sait pas.

Depuis les débuts de la philosophie systématique, l'imagination a été réduite à la catégorie d'une faculté mimétique à faible valeur et très exposée à la duperie et à l'erreur. C'est par exemple la place que lui attribue Platon dans la célèbre « Théorie de la ligne » exposée dans *La République*. La subjectivité moderne lui donnera davantage d'attributions et l'imagination ne sera plus seulement considérée comme une activité mimétique ou représentative, mais aussi comme une faculté productrice et créatrice. C'est justement la raison pour laquelle, étant plus dangereuse encore, on la soumet à la normativité de la vraie connaissance ou on la relègue au domaine esthétique, à l'enfance et au jeu. D'où cette manière que nous avons encore de voir dans l'imagination une aptitude artistique ou une caractéristique appréciée chez les enfants. Lorsqu'on parle en revanche d'un adulte imaginatif, on commence plutôt à s'inquiéter...

L'imagination, cependant, n'est pas seulement une faculté subordonnée à la connaissance. C'est l'activité qui rend présent ce qui est absent et, de ce fait, elle relève aussi, au-delà de l'esthétique, d'une aptitude éthique et politique. L'imagination n'est pas une activité spontanée et pure, comme nous l'a fait croire l'idée romantique d'une imagination source de création non polluée. L'activité de l'imagination est conditionnée et colonisée par l'ensemble de l'héritage culturel, affectif et politique qui organise le sens de nos existences historiques. C'est pour cela qu'il faut « entraîner l'imagination », défend la philosophe indienne Gayatri Spivak, que nous avons déjà citée à plusieurs reprises. Pour Spivak, entraîner l'imagination pour préparer la connaissance et réagencer les désirs est la tâche à remplir par une éducation qui serait inséparablement esthétique et politique[23]. L'imagination, écrit Spivak, est « *the instrument of the othering*[24] », l'outil qui peut rendre autre, l'autre de soi-même. L'outil de l'étrangement pourrait-on dire, et de ce fait, le fondement pour l'alliance des apprenants. L'imagination désorganise les apprentissages simplement adaptatifs, mais elle n'est pas arbitraire, puisqu'elle incorpore et compose, littéralement, les existences étrangères. Elle doit les accueillir et en tirer des apprentissages, sans les rendre honteuses et sans en avoir honte. Rendre honteux est l'opposé d'imaginer : c'est annuler et détruire l'existence de l'autre, la singularité de sa perspective sur le monde. C'est la raison pour laquelle l'imagination est le terreau du vivre ensemble.

Aucune forme d'imagination n'est donc pas politique. L'individualisme nous a fait croire qu'être imaginatif est une caractéristique propre à chacun, voire un don, une grâce ou un talent que

23. Gayatri Spivak *An Aesthetic Imagination in the Era of Globalization*, Cambridge, Harvard University Press, 2012.
24. *Ibidem*, p. 324.

certains possèdent et d'autres non. Mais l'imagination n'est pas un don, c'est une pratique que l'on apprend : c'est la pratique qui consiste à rendre présent ce qui est absent. C'est la composition libre mais non pour autant arbitraire des perspectives sur le monde. Pour le professeur nord-américain de littérature anglaise David Bromwich, il s'agit de pouvoir donner la plus haute forme de réalité possible à des pensées, des actions ou des personnes qui ne nous appartiennent pas et ne nous sont pas proches. La condition pour y parvenir, d'après sa réflexion, est de reconnaître qu'on ne se connaîtra jamais assez pour accéder à une identité qui guiderait chacune de nos actions[25]. En tant que forme éthique, l'imagination découle donc d'un non-savoir, d'un non se connaître assez qui devient une ouverture vers l'existence et la perspective des autres.

Des auteurs comme George Orwell, et tant d'autres, nous alertent depuis très longtemps sur l'agonie de l'imagination, cet animal qui ne grandit jamais en captivité. C'est une thématique récurrente, surtout dans la littérature contemporaine. La décennie du cerveau a aidé à ce que des narrations et des personnages dystopiques, avec des cerveaux customisés réglés par les machines et la chimie, réussissant à programmer leur propre imagination, contribuent à nourrir cette alerte. L'imagination algorithmique est d'ores et déjà une réalité dont on débat à propos de l'intelligence artificielle. La chimie trace et contrôle déjà nos émotions. Ce futur que nous ne savons pas imaginer est donc ici. Le système capitaliste cognitif cherche des solutions innovantes, des réponses créatrices, des bonds technologiques, des propositions disruptives... Il entraîne les esprits à être rapides et standardisés. Mais il neutralise et punit l'imagination éthique et politique qui relie les temps, absents et présents, et qui accueille

25. David Bromwich, *Moral Imagination*, Princeton, Princeton University Press, 2014, p. 11.

les existences étranges. L'analphabétisme éclairé est un système de connaissances sans imagination. C'est pourquoi son savoir s'empile sans générer des relations possibles, des environnements habitables ou des compositions à débattre et à partager.

Sans avoir besoin de recourir à des dystopies techno-futuristes, j'ai entendu les mots les plus frappants sur l'imagination en danger, de vive voix, dans la bouche de la sociologue turque en exil Nzan Üstündag lors d'un événement que nous avons partagé en juin de 2018 à Barcelone sur la portée philosophique de la révolte des femmes de Rojava au Kurdistan turque. Nazan Üstündag expliquait comment les mouvements sociaux de 2011 en Turquie, qui ont débouché sur la révolte bien connue de Gezi Park contre le gouvernement, se sont trouvés en très peu de temps confrontés à des niveaux de répression, de torture et de menaces personnelles et collectives qu'on n'avait pas imaginés. Il faut lire les récits du livre *Istambul, Istambul* de Burhan Sönmez, lui aussi victime des représailles, pour parvenir à s'en faire une idée[26]. Ne pas avoir pu l'imaginer a été leur principale faiblesse, ce qui les a conduits à une destruction inattendue et, pour beaucoup, comme eux, à l'exil. Üstündag fit appel à la culture, à la pensée et à l'activisme comme une forme d'« autodéfense de l'imagination ». Autodéfense de l'imagination c'est pouvoir continuer à imaginer des présents plus justes et des futurs meilleurs, malgré la répression. Mais autodéfense de l'imagination c'est aussi la nécessité de ne pas oublier que le pire peut toujours arriver et qu'il est, parfois, plus près que ce que l'on ne le pense. Spivak disait, dans un autre contexte, que les enseignants sont les activistes de l'imagination.

Le problème de l'éducation est aujourd'hui que la guerre contemporaine contre le temps rend très difficile le déchiffrement du présent et nous oblige à nous disputer les quelques futurs qui

26. Burhan Sönmez, *Estambul, Estambul*, Barcelone, Minúscula, 2019.

nous sont offerts, sans même pouvoir les imaginer. Ces futurs prennent la forme d'une île luxueuse au milieu du marasme pour quelques-uns, celle d'un gilet de sauvetage dans une mer orageuse et sans sauveteurs pour d'autres. Il n'y a guère de marges ; ni circulation ni parcours. Seulement une course encouragée par la menace : jusqu'où arriveras-tu avant de tomber, si tant est que tu aies pu parvenir à te dégager ?

Face à cette menace, l'école des apprenants ne propose pas de retrouver la sécurité du temps de la promesse, projetant le sens de l'effort d'aujourd'hui vers la récompense de demain. L'éducation n'est pas une compagnie d'assurances où chaque étudiant-client pourrait calculer son propre capital de risques et d'opportunités. C'est une invitation à comprendre le présent pour pouvoir imaginer le futur. L'invitation à rendre proche ce qui est étrange et étrange ce qui semble proche. Le futur n'est rien d'autre qu'un présent bien imaginé. Et l'éducation est l'engagement et le métier qui apprend à le faire sans être honteux.

Épilogue
Nous refusons la connaissance

Texte de Marina Garcés pour l'Escola Massana. Centre d'Art i Disseny, automne 2017. Dessins de Bendita Gloria (Escola Massana).

Nous refusons la connaissance.

Nous refusons la connaissance de vos savoirs apeurés.

Nous ne suivons pas non plus les cartes des prisons du possible.

La bureaucratie, le cynisme et l'opportunisme deviennent le pain qui asservit les esprits, bride les désirs et apprivoise les défis. Nous refusons d'apprendre à calculer *le coût forfaitaire de l'angoisse*.

Nous ne voulons pas connaître ce qu'il faut savoir.

Ni devenir excellents.

Ni devenir compétents.

Encore moins, complaisants et obéissants.

Nous privilégions à nos connaissances acquises ce que nous ne savons pas. C'est pourquoi les maîtres trouveront toujours une place parmi nous ; les véritables maîtres qui savent faire et laisser penser, faire et laisser vivre, faire et laisser créer.

Des maîtres anciens pour des problèmes toujours nouveaux.

Recevoir est plus important que communiquer.

Écouter est plus important que produire.

Accompagner est plus important que projeter.

Il n’y a pas d’apprenants sans maîtres, ni de maîtres
qui ne soient, encore et pour toujours, des apprenants.

À une époque qui privatise et individualise la vie et l'expérience, l'autoformation, le développement personnel, l'autopromotion et l'estime de soi ont anéanti la valeur de la transmission.

Transmettre c'est être en mesure de dire *nous* à travers les dons qu'on se fait : savoirs, expériences, mots, problèmes, choses vécues, formes et significations.

Pour toutes ces raisons nous aimons prendre soin de l'*école* et du verbe *apprendre*.

L'école est le lieu ; apprendre est l'activité par laquelle nous partageons nos apprentissages. Toute école n'est pas une école et tous les apprentissages disponibles sur le marché ne nous permettent pas d'apprendre. Faire école c'est disposer de l'espace, du temps et de l'attention pour que l'activité d'apprendre nous transforme et nous mette en rapport avec des contenus qui ne nous laisseront pas indemnes.

Dès lors qu'*apprendre* est devenu « obtenir un diplôme », il est très clair que ce verbe a fait l'objet d'une expropriation ; il faut le reconquérir.

Toute personne qui enquête et garde éveillée son attention,
tournée vers ce qui n'a pas encore été attesté,
est en train d'apprendre.

Nous refusons la connaissance de vos savoirs apeurés, disions-nous.

C'est pourquoi il nous faut apprendre le doute qui interrompt les croyances candides de notre temps.

Nous voulons forger les savoirs qui combattent les oppressions de notre monde. Parce que si notre souhait est de faire un monde meilleur, nous n'en saurons jamais assez ; et nous ne pourrons jamais tout savoir si ce qui nous anime est le désir de ne pas abandonner.

Ce défi ne connaît pas de limites d'âge, ni inférieure ni supérieure : c'est un appel à la complicité des plus petits et des plus âgés.

Il ne connaît pas non plus de limites de langue, de race, de genre ni d'origines : les savoirs tissent la continuité de la diversité du monde et ils engagent des mains, des matières, des mots, des textures et des horizons.

Parce que nous portons en nous l'élan de ce désir et la richesse de cette diversité de mondes, notre voix est celle des apprenants, de ceux pour qui apprendre n'est pas une formalité ou un passage obligé, mais une forme d'engagement permanent.

Nos défis sont à la fois exigeants et modestes.

Leur point de départ c'est la matière brute du monde.

Leur horizon, l'esquisse tracée par les idées qui seront nées dans une ville-école à ciel ouvert.

TABLE DES MATIÈRES

Pour recevoir la lettre d'information des Éditions de l'Atelier,
être informé·e de nos initiatives et de nos nouvelles parutions,
envoyez-nous votre adresse électronique à :
contact@editionsatelier.com

Traduction du catalan : Toni Ramoneda
Relecture : Jean Marie Sauboua
Illustrations de la couverture et de l'épilogue : Bendita Gloria (Escola Massana)
Direction éditoriale : Gaëlle Bidan
Édition : Charlotte Lebot
Conception graphique de la couverture : Aurélie Streiff
Réalisation graphique de l'intérieur : Le vent se lève...

Achevé d'imprimer par Corlet Imprimeur
14110 Condé-sur-Noireau
N° fab. : 7136 – N° d'imprimeur : 24050103
Dépôt légal : août 2024

Imprimé en France